COLLECTION
FOLIO CLASSIQUE

Les Folies Tristan

Un épisode de la légende de Tristan et Yseut

Édition bilingue présentée,
établie et annotée
par Mireille Demaules

Gallimard

PRÉFACE

Au XIII*e* *siècle, dans le roman en prose intitulé* La Mort du roi Arthur, *le chevalier Bohort admoneste vivement la reine Guenièvre qui vient d'éconduire son cousin Lancelot du Lac, en lui rappelant l'exemple d'amoureux célèbres promis à une mort tragique pour l'amour d'une femme. Parmi eux, Tristan, neveu du roi Marc de Cornouailles, mort cinq ans auparavant pour l'amour d'Yseut la Blonde, et dont le tragique destin doit susciter la pitié*[1]. *Lancelot et Guenièvre, Tristan et Yseut, unis dans la célébrité, comme le seront plus tard Roméo et Juliette, constituent ainsi dès le Moyen Âge des couples d'amoureux exemplaires. À travers ces destins la littérature, en l'occurrence par la bouche de Bohort, souligne à l'envi la souffrance de l'amant victime de sa passion. Écrits en octosyllabes à rimes plates, à la fin du* XII*e* *siècle ou au tout début du* XIII*e* *siècle, les deux récits*

1. *La Mort le roi Artu. Roman du* XIII*e* *siècle,* éd. Jean Frappier, trad. Patrick Moran, Genève, Droz, 2021, p. 146-147.

brefs que nous présentons ici, traditionnellement intitulés la Folie de Tristan *d'Oxford et la* Folie de Tristan *de Berne*[1] *— par référence au lieu de conservation de l'unique manuscrit qui nous a transmis chacun de ces textes —, prennent justement comme point de départ la souffrance de Tristan. Exilé en Petite-Bretagne, où il a épousé la sœur de son ami Kaherdin, Yseut aux Blanches Mains, il demeure tourmenté par le souvenir d'Yseut la Blonde. Aussi, il décide de se présenter sous un déguisement à la cour du roi Marc, qui l'a banni, pour approcher la reine et s'unir à elle. Dans l'histoire des amants de Cornouailles*[2]*, ce schéma d'aventure est récurrent : le héros ne peut revenir auprès d'Yseut qu'à la faveur d'une ruse et d'un changement d'identité, déguisé en pèlerin, en lépreux, en moine, en ménestrel ou en fou. Son retour travesti en fou a connu un beau succès, car outre nos deux poèmes, il est relaté par quatre autres textes de la légende. Nous pouvons mentionner en particulier le roman de* Tristrant *d'Eilhart d'Oberg, écrit à la fin du* XII*e siècle, en moyen haut allemand, et le roman de* Tristan en prose*, composé au* XIII*e siècle*[3]*. À la différence cependant des romans, qui intègrent ce récit dans le flot des aventures, les* Folies *en leur brièveté*

1. Par commodité, le nom propre « Oxford » désignera désormais la *Folie* d'Oxford, et celui de « Berne » la *Folie* de Berne.
2. Pour un résumé de la légende, on peut se reporter à la notice dans le dossier, p. 188-195.
3. Voir à ce sujet la notice qui répertorie toutes les occurrences de ce déguisement dans les textes de la légende, p. 195-197.

présentent une version autonome, développée et fort complexe de l'épisode. En effet, plus qu'une simple astuce, le travestissement y acquiert une signification symbolique, et commande à la fois le registre littéraire et la dynamique narrative. En endossant le rôle du fou errant et du bouffon devant la cour, Tristan adopte une gestuelle et un langage qui confèrent au texte une esthétique théâtrale. Rôle de composition, le déguisement en fou est source de comique et de complicité avec le lecteur, lorsqu'il atteint son but et que Tristan dupe ses ennemis. Cependant, dans sa perfection, ce stratagème n'est pas dépourvu de péril pour le héros lui-même, car il brouille son identité et peut devenir source de tragique. Parviendra-t-il à retrouver sa véritable identité et, sous les oripeaux de ce vagabond difforme et laid, à se faire reconnaître de la reine qui n'est pas complice de l'astuce ? Tout le suspense du récit repose sur cette question. La trame de l'aventure est donc simple, mais chacun des poèmes apportera sa propre réponse, avec une écriture et une esthétique singulières.

Ambiguïté de la forme et bipartition de l'intrigue

Il est délicat de définir en termes précis le genre dont relèvent les deux poèmes qui occupent une position atypique dans la masse légendaire. Ni romans ni lais, ces récits se distinguent par leur brièveté et par une théâtralité qui tient à la place et à la fonction des dialogues dans la dynamique narrative. Dépouillée de tout épisode adventice, l'intrigue est concentrée autour de la métamorphose de Tristan en fou, à laquelle succèdent par un mouvement inverse la reconnaissance d'Yseut et l'abandon du déguisement.

Comme l'a bien noté Donald Maddox[1]*, après le prologue narratif, le scénario de la visite de Tristan déguisé en fou à la cour du roi Marc est ainsi organisé en deux grandes parties : l'une devant le roi et le public de la cour, et l'autre dans la chambre privée de la reine. Dans les deux poèmes, selon le glissement des personnages d'un lieu à l'autre, et selon leur échange dialogué, on peut délimiter quatre scènes. La première se déroule dans la grande salle du palais où Tristan fou divertit le roi Marc par ses bouffonneries, auxquelles il mêle des allusions à son amour pour Yseut. La scène s'achève sur le départ du roi à la chasse et la dispersion de la cour, tandis que la reine se retire dans ses appartements. L'action de la deuxième scène se déplace dans la chambre de la reine, où Yseut exprime à Brangien, sa fidèle suivante, la crainte et les doutes que lui inspire le fou. Pour en avoir le cœur net, elle lui*

1. Donald Maddox, « L'insertion intradiégétique du roman et l'exiguïté de la *Folie* », dans *Mouvances et jointures. Du manuscrit au texte médiéval*, éd. Milena Mikhaïlova, Orléans, Paradigme, « Medievalia », 2005, p. 67-82. Selon lui, cette « *bipartition* comportant deux volets reliés par une crise de transition est une organisation semblable à celles qui ponctuent de nombreux romans en vers » (p. 67-68).

demande d'aller le chercher dans la grande salle, où se déroule la troisième scène opposant la suivante à Tristan qui se fait reconnaître d'elle en évoquant leur départ d'Irlande, et l'épisode du philtre bu en haute mer, secret qu'elle partage avec les amants. Dans une ultime scène, la plus longue, qui constitue l'essentiel de la seconde partie du récit, Tristan déroule l'histoire de son amour avec Yseut, épisode après épisode, finit par se faire reconnaître d'elle et reprend son apparence initiale.

Les deux premières scènes correspondent à la réussite de la ruse : nul ne reconnaît Tristan sous le personnage du fou, tandis que les deux dernières amorcent le mouvement inverse : le déguisement devenu un obstacle entre les amants se défait peu à peu, et Tristan l'Amoureux[1] *est reconnu de Brangien, du chien Husdent, enfin d'Yseut. Centrées sur une seule aventure — le retour de Tristan auprès de sa bien-aimée —, les* Folies *représentent un moment de crise entre les amants. Cependant, malgré leur brièveté et la singularité de l'aventure, elles parviennent à mettre en abyme la légende tout entière par le jeu des allusions aux épisodes les plus célèbres de l'histoire des amants de Cornouailles. Ces tensions à la fois poétiques (entre l'épisode isolé et la totalité de la légende) et dramatiques (entre le mensonge et la vérité) sont habilement orchestrées par le déguisement de Tristan en fou.*

1. Oxford, v. 712.

Le déguisement en fou : choix motivé et significations métaphoriques

Si l'on suit le déroulement chronologique de l'histoire des amants de Cornouailles, tel qu'il nous est transmis par la version complète d'Eilhart d'Oberg par exemple, le déguisement de Tristan en fou est le dernier choisi par Tristan pour rejoindre la reine Yseut. Ce travestissement, par le costume, le langage et le comportement qu'il induit, donne au héros les attributs et les caractères à la fois de l'insensé, du vagabond, du bouffon de cour et de l'homme sauvage. Il est finement légitimé au début de chacun des poèmes. Oxford présente ce choix en deux temps : Tristan décide tout d'abord d'abandonner son identité chevaleresque et de se rendre en Cornouailles sous les traits d'un pauvre vagabond, voyageant à pied (v. 37), ce qui lui garantit un anonymat protecteur. Une fois en Cornouailles, il recourt au déguisement en fou, comme à un stratagème né de sa ruse, pour tromper la cour et le roi Marc. Le poème insiste sur l'ingéniosité de la ruse et l'intelligence de son esprit (v. 179-188). Plus resserrée, la Folie de Berne *justifie d'emblée le choix du déguisement par une analogie avec son être profond. La souffrance de la séparation et l'amour fou qu'il voue à Yseut le conduisent proprement à la folie. Cette justification est également mise en exergue dans la* Folie d'Oxford *:*

Quant ne la voi, a po ne derve.	Quand je ne la vois pas, ma raison défaille[1].
Et si vos di qu'il a pieç'a	Cela fait longtemps, je vous assure,
Tel poine soferte por li	qu'il endure bien des tourments pour l'amour d'Yseut,
Et molt esté fol, je vos di.	au point d'en devenir fou, je vous le dis[2].
Pur vostre amur sui afolez.	Votre amour me rend fou[3].

Ainsi la folie simulée du déguisement trouve son origine dans la folie bien réelle du héros à laquelle la Folie *de Berne impute, outre une origine psychologique (la souffrance de la séparation), une cause physique et une cause magique. Refusant de voir dans le comportement du fou une feinte, et donc d'admettre qu'il est Tristan, Brangien lui déclare ainsi :* Plains estes de melancolie[4]. *Par l'emploi du mot* melancolie, *la suivante rapporte l'état mental du fou à l'antique théorie des humeurs. Les Anciens nommaient en effet « mélancolie » la bile noire ; par métonymie, ce mot dénotait l'état de tristesse dû à sa prédominance dans le corps. En cas de surgissement brutal et puissant, elle pouvait même provoquer un accès de folie. Or, selon les*

1. Berne, v. 99.
2. Berne, v. 121-123.
3. Oxford, v. 175.
4. Berne, v. 273.

*spéculations médicales du Moyen Âge, issues de la tradition gréco-latine, l'une des causes de ce dérèglement était l'amour insatisfait. Il en résultait une maladie d'amour, manie mélancolique de nature obsessive, dite « amour héroïque » (*Eros heroycus*) — ainsi nommé parce que les héros sont prédisposés à cet* eros *mélancolique, selon le lien symbolique tissé par la paronymie entre les deux mots*[1]*. Tristan, par sa haute naissance et la perfection de son héroïsme, est donc enclin à subir cet accès de mélancolie et à vivre cet amour-maladie.*

Loin de récuser sa folie et de la considérer comme une simple feinte, Tristan l'attribue lui-même à la magie du philtre, appelé vin herbé, lovendrin *ou* lovendrant *chez Béroul*[2]*. Dans le*

1. Sur ces théories médicales, on se reportera à Philippe Walter, « Éros mélancolique et amour tristanien », *Par les mots et les textes, Mélanges de langue, de littérature et d'histoire des sciences médiévales offerts à Claude Thomasset*, dir. Danièle James-Raoul et Olivier Soutet, Presses de l'Université de Paris-Sorbonne, 2005, p. 859-869 ; ainsi qu'à Jean-Marie Fritz, *Le Discours du fou au Moyen Âge*, PUF, « Perspectives littéraires », 1992, chap. V, « La médecine ou le Discours infini », p. 115-152 ; et Muriel Laharie, *La Folie au Moyen Âge, XIe-XIIIe siècles*, Le Léopard d'Or, 1991, chap. IV, « Développement de la tradition médicale », p. 117-144. Sur l'amour héroïque, voir John Livingston Lowes, « The Loveres Maladye of Hereos », *Modern Philology*, XI, avril 1914, p. 491-546 ; Giorgio Agamben, *Stanze*, Christian Bourgois éditeur, 1981, IIIe partie, chap. V, « Entre Narcisse et Pygmalion », p. 184-206 ; Mary Frances Wack, *Lovesickness in the Middle Ages : The Viaticum and Its Commentaries*, Philadelphia, University of Pennsylvania Press, The Middle Ages Series, 1990.

2. Voir Béroul, *Tristan et Yseut*, éd. et trad. Daniel Poirion, dans *Tristan et Yseut. Les premières versions européennes*, dir. Christiane Marchello-Nizia, Gallimard, « Bibliothèque de la Pléiade », 1995 (par commodité, nous citerons désormais cet ouvrage sous le nom abrégé *Les premières versions*

manuscrit d'Oxford, l'évocation du philtre est encadrée par celle de l'ivresse, état atténué de la folie par le dérèglement similaire du corps et de l'esprit qu'elle induit[1]*. Plus explicitement encore, dans le manuscrit de Berne, le fou impute la perte de sa raison au philtre préparé en dépit du bon sens :*

Mar fu cele ovre appareilliee !	Quel malheur que d'avoir préparé cette boisson !
Mon san ai an folor changiee.	Ma raison s'est changée en folie[2].

Ainsi, le maléfice du vin herbé *apparaît bien comme la cause originelle de la folie réelle du héros, dont découlent toutes les autres, qu'elles soient corporelles (suscitées par un accès de mélancolie) ou psychologiques (résultant de la souffrance de la séparation). Michel Zink écrit à juste titre :*

> Le « vin herbé », comme les textes l'appellent, le vin mêlé d'une décoction d'herbes magiques, est une drogue. En lui-même le drogué n'est ni un voleur ni un assassin. Mais la souffrance du manque peut le rendre fou au point de le conduire au délit ou au crime. C'est pourquoi les récits des ruses imaginées par Tristan et Iseut sont certes des récits d'amour, mais d'un amour souffrant et

---

européennes ; s'y trouvent les termes *lovendrant* (v. 2159, p. 60) et *lovendrin, vin herbé* (v. 2138, p. 59)).

1. Oxford, v. 461-462 et 475-476.
2. Berne, v. 312-313.

inquiet, inquiétant aussi. Un amour fou, mais d'une folie véritable, qui le rend dangereux[1].

En se fondant sur d'autres romans de la littérature du XII*e* *siècle, en particulier sur* Yvain ou le Chevalier au Lion *de Chrétien de Troyes et sur les romans de Thomas et de Béroul, Merritt R. Blakeslee ajoute deux causes implicites à la folie réelle du héros qui pourraient justifier le choix du travestissement en fou*[2]. *En effet, dans* Yvain ou le Chevalier au Lion, *la folie du héros résulte d'une faute commise à l'égard de la dame. Le héros Yvain a oublié la promesse faite à Laudine de revenir au bout d'un an auprès d'elle. Rejeté par sa bien-aimée, le chevalier perd la raison et vit à l'état sauvage dans la forêt*[3]. *De même, en épousant Yseut aux Blanches Mains, fugitivement mentionnée dans la version de Berne, Tristan a trahi sa foi à l'égard d'Yseut la Blonde. Cette infidélité est imputée dans le roman de Thomas à son* fol corage *(v. 623), c'est-à-dire « son cœur déraisonnable ». De même, pour parler de la consommation du mariage avec Yseut*

1. Michel Zink, *Tristan et Iseut. Un remède à l'amour*, Stock, 2022, p. 52.

2. Merritt R. Blakeslee, *Love's Masks. Identity, Intertextuality, and Meaning in the Old French Tristan Poems*, Cambridge, D. S. Brewer, 1989, p. 72-86.

3. Voir *Yvain ou le Chevalier au Lion*, éd. Karl D. Uitti, trad. Philippe Walter (Chrétien de Troyes, *Œuvres complètes*, éd. Daniel Poirion, Gallimard, « Bibliothèque de la Pléiade », 1994, v. 2706-3009, p. 405-412). Sur ce passage, voir l'étude de Jacques Le Goff et Pierre Vidal-Naquet, « Lévi-Strauss en Brocéliande », dans Jacques Le Goff, *L'Imaginaire médiéval*, Gallimard, « Bibliothèque des Histoires », 1985, p. 151-187.

aux Blanches Mains, est employée la périphrase fare folie *(v. 628), signifiant « avoir une conduite insensée ». Ainsi Merritt R. Blakeslee interprète le déguisement en fou comme une expiation de son péché à l'égard de sa bien-aimée, laquelle, une fois la faute purgée, pourra lui redonner santé physique et morale grâce à son amour renouvelé*[1]*. Enfin, la folie peut être aussi interprétée comme une métaphore de la passion amoureuse, transgressive et immorale, désignée par les termes de* folie *ou de* fole amor *dans le roman de Béroul et celui de Thomas*[2]*.*

Les justifications données dans nos poèmes au travestissement confèrent donc à la folie une pluralité de significations métaphoriques, parfois implicites, si bien qu'il n'est pas seulement un stratagème de dissimulation — une feinte —, mais qu'il devient aussi l'expression de conflits vécus ou véhiculés par le personnage — une vérité. À travers lui, Tristan porte une identité symbolique qui se superpose à tous ses rôles dans la légende : neveu du roi, splendide chevalier, fou de la reine.

Le déguisement en fou

Pour incarner cette nouvelle identité, Tristan métamorphose son apparence avec un art consommé.

1. Merritt R. Blakeslee, *op. cit.*, p. 74.
2. Voir Béroul, v. 20-21, 301, 496, 661, 801-802, 1655, 2007, 2013, 2297, 2323, 2536, 2838, 4155, 4193-4194 ; Thomas, v. 1458, 1639, 1693, 1736, 1748, 1789, 1864, 2103.

Dans la version d'Oxford, il fait l'échange de son confortable vêtement avec celui d'un pauvre pêcheur fortuitement rencontré. Le tissu velu de la tunique qu'il endosse rapproche sa vêture du pelage d'un animal et donne à son allure l'aspect d'un homme sauvage. Tristan ajoute au déclassement social du vêtement le sacrifice de sa beauté, en particulier celui de sa chevelure, qu'il coupe très court avec des ciseaux donnés par Yseut, en y faisant une tonsure en forme de croix, destinée à l'isoler de la société et, selon la tradition médicale, à évacuer les vapeurs mélancoliques[1]*. Avec une plante apportée de son pays, il noircit son teint, transformant son visage en masque noir. Enfin, d'une haie, il arrache un bâton qu'il porte sur son épaule en guise de massue, attribut traditionnel du fou que la marotte remplacera progressivement*[2]*. Pour parfaire cette métamorphose physique, il mue sa voix, détail qui jouera son rôle au dénouement.*

Dans la description du déguisement, la version de Berne insiste davantage sur les outrages et les souffrances que Tristan s'inflige à lui-même. Il déchire ses vêtements, égratigne son visage, rase ses blonds cheveux et s'arme d'une massue dont il frappe les passants. Le personnage du fou ainsi composé s'apparente à un pauvre vagabond solitaire, livré à l'errance, en proie à la maladie et à la manie :

1. Sur les différentes significations de la tonsure des fous, voir Jean-Marie Fritz, *op. cit.*, p. 39-44.

2. Sur cet attribut commun au fou, à l'homme sauvage et au berger, voir Jean-Marie Fritz, *ibid.*, p. 44-45.

Qant Tritanz vint devant lo roi,	Quand Tristan se présente devant le roi,
Auques fu de povre conroi :	il a bien piètre allure.
Haut fu tonduz, lonc ot lo col.	Il a le crâne rasé et le cou dégarni.
A mervoille sambla bien fol.	Il ressemble à s'y méprendre à un fou[1].

Le fragment de Cambridge, qui, à cet endroit, présente un vers sans doute omis par le copiste de Berne, renforce l'assimilation de la folie à la maladie, en ajoutant les détails de la maigreur et du teint blafard du héros (v. 5). La folie se manifeste ensuite par un comportement agressif et désordonné. Dans le récit de Berne, Tristan bat tous ceux qu'il rencontre[2]*, et dans celui d'Oxford, il frappe les valets et les écuyers qui l'agressent à l'entrée du château de Tintagel, puis les courtisans qu'il chasse de la grande salle à coups de bâton*[3].

Le déguisement est parachevé par une identité fictive qui masque le nom véritable du héros. Dans les deux Folies, *Tristan se présente sous le nom de* Tantris / Trantris, *pseudonyme résultant d'une inversion de syllabes, plusieurs fois utilisé dans la légende, et dont le fragment de Cambridge donne la clé (v. 37-38 :* Mettez le tris devant le tran / Et vous y trouverez Tristran*). Dans le roman allemand de Gottfried de Strasbourg, Yseut trouve elle-même la clé d'interprétation du pseudonyme, lors de la scène*

1. Berne, v. 150-153.
2. Berne, v. 129.
3. Oxford, v. 248-258 et v. 528-532.

du bain, quand elle reconnaît en Tristan le meurtrier de son oncle le Morholt[1]*. Signe destiné à mettre Yseut sur la voie de la reconnaissance, le pseudonyme* Tantris *symbolise par l'inversion des syllabes le caractère énigmatique et duplice du héros qui présente au monde l'envers pour l'endroit. Dans la version de Berne, il déclare s'appeler* Picol *(v. 156), nom traditionnellement porté par les bouffons et les nains, que reprend le roi Marc avec ironie sous la forme de son diminutif* Picolet *(v. 188). Ainsi que le suggère cette dernière identité, le personnage du fou revêt différents rôles dans le récit : vagabond exclu de la société, il devient à la cour un bouffon chargé de divertir le couple royal et la société aristocratique.*

Bouffon de cour et rire carnavalesque

De fait, en dépit de la peur qu'il suscite, de sa pauvreté et de sa marginalité, le fou n'est pas un exclu

1. « Elle se mit aussitôt à comparer soigneusement les sons des deux noms. “Mon Dieu, dit-elle en elle-même, les deux noms se ressemblent, mais je ne sais en quoi et comment ! Cette énigme ne me laisse pas de repos. Tantris et Tristan, dit-elle lentement, il y a vraiment un mystère là-dessous.” Elle se mit alors à tourner dans sa bouche les noms dans tous les sens, et elle eut l'idée de les décomposer tous les deux dans leurs différentes lettres. Alors elle trouva dans l'un exactement les mêmes lettres que dans l'autre. Pour finir, elle se mit à détacher les syllabes de chacun des noms, elle les inversa et trouva la solution du mystère : elle découvrit la clef du nom. Dans un sens elle lisait Tristan, dans l'autre elle lisait Tantris. » Gottfried de Strasbourg, *Tristan et Isolde*, trad. Danielle Buschinger, éd. Danielle Buschinger et Wolfgang Spiewok, *Les premières versions européennes*, p. 518.

à la cour du roi. Lorsqu'il pénètre dans la forteresse de Tintagel, il est accueilli comme un professionnel du spectacle et du divertissement, et il devient ainsi un fou à gages ou un bouffon. Il est nommé sergant, *c'est-à-dire « serviteur », par Marc, dont il réclame les compliments, en employant lui-même pour se désigner le mot* menestrel, *terme qui étymologiquement signifie « serviteur », puis « musicien ambulant » :*

Reis, ne sui je bon menestrel ?	Roi, ne suis-je pas un bon ménestrel[1] ?

Et Yseut reconnaît en lui un jongleur (Oxford, v. 563), sur le répertoire duquel elle ironise :

De molt bon maistre avez leü !	Vous avez lu de fort bons auteurs[2] !

Sa fonction à la cour est de divertir et de faire rire l'assistance, ce à quoi il parvient très bien par son inventive faconde, par ses plaisanteries nommées gas[3] *en ancien français, et par l'enchaînement exubérant de récits qui suscitent le rire du roi, plus spécifiquement dans la version d'Oxford[4], et les commentaires louangeurs des courtisans :*

1. Oxford, v. 527.
2. Berne, v. 440.
3. Oxford, v. 372.
4. Oxford, v. 285, 295, 311, 381, 499, 503, 533-534.

Li reis e li autre s'en rïent,	Le roi et les courtisans éclatent de rire.
Entreparolent e dïent :	Ils en discutent entre eux et disent :
« Cist est bon fol, mult par dit ben ;	« Voilà un bon fou, il a de bons mots ;
Ben parole sur tute ren. »	il s'exprime le mieux du monde[1]. »

Désigné par le terme de folie[2], *le jeu spectaculaire de Tristan paraît préfigurer la sottie, genre théâtral à vocation comique et satirique de la fin du Moyen Âge, qui met en scène un sot ou une suite de sots*[3].

Le jeu du fou ne repose pas seulement sur une gestuelle, mais encore sur un exercice extravagant de la parole, sur les histoires plaisantes qu'il débite devant son public. Pour tenir son rôle de fou-ménestrel, et mimer l'égarement de la raison, il affabule et accumule des historiettes invraisemblables. En effet, les Folies *présentent quatre micro-récits relatés sur un mode délirant, dont il est à la fois le narrateur et le protagoniste principal*[4]. *Le premier, absent de la* Folie *de Berne, se situe avant l'entrée dans la forteresse de Tintagel, et rapporte le mariage de l'abbé du Mont avec une grosse abbesse voilée (Oxford,*

1. Oxford, v. 311-314.
2. Oxford, v. 483-484 : *Sufrez un poi, Ysolt amie, / Si parorum ceste folie* [Un moment, chère Yseut, / nous écouterons jusqu'au bout cette folie].
3. Voir *Recueil des sotties françaises,* t. I, éd. Marie Bouhaïk-Gironès, Jelle Koopmans et Katell Lavéant, Classiques Garnier, 2014.
4. Merritt R. Blakeslee, *op. cit.*, p. 81-82.

v. 229-242) ; le deuxième est celui de sa généalogie fantastique : né des amours d'une baleine et d'un morse (Berne, v. 157-158 ; Oxford, v. 273-278), il fut allaité, ajoute-t-il, par une grande tigresse qui le trouva sur une grosse pierre et le prit pour son petit ; le troisième est la présentation de sa sœur, qu'il offre au roi Marc en échange d'Yseut, et la description de la demeure aérienne où il emmènerait la reine (Oxford, v. 282-310 ; Berne, v. 159-167) ; enfin le dernier, lui aussi absent de Berne, est constitué du récit de ses chasses absurdes (Oxford, v. 489-514). Tous ces contes fantaisistes, destinés par leur séduction déroutante à hypnotiser ses ennemis, concourent à renforcer son image d'exclu, d'homme sauvage vivant en symbiose avec le monde animal, de vagabond céleste possédant pour toute richesse une demeure ennuagée, de chasseur et d'amoureux poursuivant des chimères.

Pour fantaisistes qu'elles soient, les inventions poétiques du fou n'en possèdent pas moins une portée outrageante et subversive, car elles portent le sceau d'une culture carnavalesque dont les modes d'expression ont été bien mis en lumière par Mikhaïl Bakhtine dans L'Œuvre de François Rabelais et la culture populaire au Moyen Âge et sous la Renaissance[1]. *La récupération de cette culture carnavalesque par la fiction s'opère grâce au déguisement et au masque de Tristan, qui appartiennent au temps et aux rites du carnaval. À l'origine, les fêtes de carnaval étaient*

1. Mikhaïl Bakhtine, *L'Œuvre de François Rabelais et la culture populaire au Moyen Âge et sous la Renaissance*, trad. Andrée Robel, Gallimard, « Tel », 1982 [1970]. Voir en particulier toute l'introduction, p. 9-67.

l'occasion de réjouissances sur la place publique, au cours desquelles les hiérarchies habituelles étaient renversées : on se moquait des puissants, dont on n'osait pas en temps ordinaire contester le pouvoir parce qu'ils inspiraient la crainte, voire la peur. En ces périodes licencieuses, il était permis aussi de tourner en dérision les rites vénérables de la religion et de plaisanter sur le Christ ou la Vierge Marie. Là résidait le comique d'essence populaire selon Bakhtine. Parmi ces réjouissances carnavalesques se distinguait la fête des Fous, terme générique désignant les fêtes de fin d'année qui se déroulaient en milieu ecclésiastique à partir de la Saint-Nicolas, le 6 décembre, et se poursuivaient les 26, 27 ou 28 décembre, jusqu'au Nouvel An. Durant ces festivités, des mascarades auxquelles participaient des membres du bas clergé, travestis, le visage barbouillé de suie, prenaient possession des sanctuaires pour y élire un abbé, un évêque ou un pape qui présidait à des rites et des offices de dérision, tandis que l'on festoyait ensuite dans l'église avec vin, boudins et saucisses prévus par le chapitre. Dans un deuxième temps de la fête avait lieu une cavalcade à travers la ville, destinée à faire participer la foule et à recueillir des dons en nature ou des piécettes. Progressivement interdite par l'Église, la fête des Fous disparut durant les troubles religieux du XVIe siècle[1].

Dans nos deux poèmes, le masque et le déguisement

1. Sur la tradition folklorique de la fête des Fous, voir Jacques Heers, *Fêtes des fous et carnavals*, Fayard, « Hachette Littératures », 1983, p. 105-189 ; et pour les riches témoignages artistiques de ces rites, on se reportera à Claude Gaignebet et Jean-Dominique Lajoux, *Art profane et religion populaire au Moyen Âge*, PUF, 1985, p. 164-191.

de Tristan, son jeu facétieux et ses propos débridés évoquent les réjouissances de la fête des Fous. Ainsi, lorsqu'il déclare au portier de Tintagel qu'il arrive des noces de l'abbé du Mont et d'une abbesse, auxquelles ont été conviés moines et clercs pour danser et s'y amuser, ses propos évoquent les cérémonies licencieuses, organisées par les deux sexes dans les monastères à l'occasion de ces fêtes carnavalesques. De même, le visage grimé du fou, identifié comme le fils d'un géant, créature du folklore et du carnaval, et la cavalcade bruyante qui l'escorte en le huant jusqu'au palais, constituent des résurgences éparses d'une tradition folklorique contrastant avec le cadre officiel et sérieux de la cour du roi Marc.

La prégnance de cette tradition folklorique, véhiculée par le personnage du fou et son discours, produit des effets comiques reposant sur des procédés d'inversion, sur une insolence à l'égard de la majesté royale, sur l'usage d'un vocabulaire bas et d'une esthétique grotesque. En effet, l'un des caractères les plus originaux du monde carnavalesque consiste à bousculer les hiérarchies, à inverser les rapports de pouvoir et à opérer des inversions du haut et du bas par le travestissement, le rabaissement des figures d'autorité ou les couronnements bouffons. Ainsi, en arrivant en Cornouailles, Tristan échange ses élégants habits de chevalier contre ceux, grossiers, d'un pêcheur (Oxford, v. 189-204). Au roi Marc, dans les deux poèmes, il propose un échange de femmes, lui offrant sa sœur contre la reine Yseut[1]*, et, pour*

1. Berne, v. 159-161 ; Oxford, v. 282-293.

l'amuser, lui fait, dans le manuscrit d'Oxford, le récit de ses chasses absurdes, qui permutent les méthodes et les proies de la vènerie et de la fauconnerie (v. 489-514). L'une des mises en œuvre les plus ludiques de l'inversion s'applique aux syllabes du nom même de Tristan, qui change son nom en Trantris, *ou* Tantris, *lorsqu'il adopte un déguisement.*

Le délire joyeux du fou fait triompher l'affranchissement des rapports hiérarchiques et des règles du monde féodal. Certes, face au fou, le roi apparaît bien avec tous les attributs d'un pouvoir coercitif qui inspire la peur et appelle la soumission des sujets. La Folie *de Berne s'ouvre sur la colère et la haine du roi Marc, qui aspire à se venger de Tristan banni et invite ses sujets à le dénoncer pour le capturer*[1]*. Mais le masque du fou garantit à Tristan une totale impunité et inverse le mécanisme de la peur, car c'est lui, désormais, qui apeure ceux qu'il croise (Oxford, v. 224). Sous couvert de son masque, il peut tout dire, en toute impunité, et en particulier déclarer son amour à la reine devant son époux :*

Reis, fet li fols, mult aim Ysolt :	Roi, fait le fou, je suis très épris d'Yseut.
Pur lu mis quers se pleint e dolt.	Pour elle, mon cœur gémit et souffre.
Jo sui Trantris ki tant le amai	C'est moi Tantris qui l'ai tant aimée
E amerai tant cum viverai.	et qui l'aimerai toute ma vie[2].

1. Berne, v. 1-39, et Oxford, v. 163-166.
2. Oxford, v. 315-318.

Le déguisement en fou permet l'affranchissement des interdits et des conventions sociales au profit de la vérité la plus scandaleuse.

Dans le manuscrit de Berne, le langage du fou est de surcroît émaillé de grossièretés, typiques du comique populaire et de la communication permissive du carnaval. Ainsi, il maudit et injurie le roi en employant le terme bas de cous *(« cocu ») :*

Dame, cist cous ait mal dahé !	Dame, maudit soit ce cocu[1] !

Et, s'adressant à Yseut, il lui lance une grossière invitation sexuelle en usant métaphoriquement du verbe boter *(« donner des coups ») :*

Se je ensin m'an vois do tot	Si je repars comme je suis venu,
Que l'un en l'autre ne vos bot,	sans que je ne vous bourre,
Donc ai je perdue ma joie.	alors j'ai perdu toute ma joie[2].

Insolent, irrespectueux des convenances et des hiérarchies sociales, le discours du fou place la vie sexuelle sur le devant de la scène et, par la familiarité de son expression, il se situe aux antipodes des raffinements de l'idéal courtois.

1. Berne, v. 215.
2. Berne, v. 242-244.

Tristan, le *trickster*

Par son irrévérence, par la grossièreté de son propos, mais surtout par sa ruse qui lui permet de berner le roi Marc en toute impunité, de le faire rire de lui-même sans le savoir, Tristan a été interprété comme un avatar du héros mythologique que les folkloristes et les anthropologues désignent par le mot anglais de trickster, *c'est-à-dire de « fripon », ou de « farceur ». Selon Michel Zink, ce mot est utilisé « pour désigner un personnage, souvent héros de contes facétieux, qui se définit par son ingéniosité et sa ruse et qui prend plaisir à jouer des tours. Tels sont Till Eulenspiegel, le baron de Münchhausen, Panurge et même Ulysse. Au Moyen Âge, le* trickster *par excellence est Renart*[1]. *» Ces différents héros sont caractérisés par leur ruse et leur intelligence qui s'exercent parfois de manière espiègle aux dépens de naïfs. Certes, il pourrait sembler hasardeux de rapprocher le chevalier Tristan de l'animal Renart. Cependant, dès lors qu'il a bu le philtre, Tristan accomplit non pas des prouesses chevaleresques traditionnelles pour vaincre ses ennemis, mais des exploits saugrenus dont le ressort est la ruse. Au demeurant, Béroul effectue lui-même le rapprochement entre Renart et Tristan, et affirme en désignant le goupil par le nom de sa tanière*

1. Michel Zink, *op. cit.*, p. 43-45. Sur ce point, voir aussi Merritt R. Blakeslee, *op. cit.*, « Tristan the Trickster », p. 113-126, n. 2.

(Malpertuis) *que Tristan est « aussi malin que le sire de Maupertuis*[1] ». *La* Folie *d'Oxford insiste sur l'astuce du stratagème imaginé par Tristan pour retrouver Yseut :*

Feindre mei fol e faire folie.	Je vais me déguiser en fou et feindre la folie.
Dunc n'est ço sen e grant veisdie ?	N'est-ce donc pas une ruse fine et astucieuse ?
Cuintise est. Quant n'ai liu e tens,	C'est ingénieux. À défaut de circonstance opportune,
Je ne puis faire nul greinur sens.	je ne puis agir plus adroitement.
Tels me tendra pur asoté	Tel me croira simple d'esprit
Ke plus de lu serrai sené,	qui sera moins sensé que moi,
E tels me tendra pur bricun,	et tel me jugera idiot
Ki avera plus fol en sa maisum.	qui aura sous son toit plus fou que moi[2].

Par son déguisement, Tristan se révèle ainsi un personnage protéiforme et oxymorique car sa folie feinte cache en fait une sagesse et une intelligence profondes. Comme le trickster, *il est un héros porteur de contradictions : apparemment idiot, il est rusé et intelligent ; vainqueur de ses adversaires par sa violence ou sa ruse, il est aussi une victime,*

1. Béroul, v. 4286 (*Les premières versions européennes*, p. 116) : *Tristran set mot de Malpertuis* [Tristan connaît bien Malpertuis].
2. Oxford, v. 181-188.

moquée et battue par les gens de la cour. Héros subversif de l'ordre social, car il convoite et séduit la femme du roi, son oncle, donnant ainsi un caractère incestueux à sa faute, il partage avec le trickster *l'aptitude à transgresser les tabous, en particulier sexuels, et à affirmer son désir érotique, parfois avec grossièreté, ce dont il ne se prive pas dans la* Folie *de Berne, ainsi que nous l'avons vu. Le propre du* trickster *est de mettre en œuvre ses ruses qui font l'objet de récits séparés et sans cesse renouvelés, à la manière d'épisodes d'une série télévisuelle s'achevant invariablement sur le succès du héros. Ainsi, de même que chacune des différentes « branches » du* Roman de Renart *relate une ruse du goupil, de même chacune des ruses de Tristan a pu donner lieu à un récit autonome, comme l'attestent nos poèmes et le* Lai du Chèvrefeuille *de Marie de France*[1]*. Cet héroïsme particulier de Tristan-trickster pourrait expliquer la forme narrative de nos poèmes qui reposent sur la réussite d'une farce destinée à tromper l'adversaire pour satisfaire son désir érotique.*

Le déguisement ou l'obstacle au rêve de retour

Mais le stratagème réussit-il parfaitement dans les Folies *? Si le déguisement permet le retour auprès*

1. Voir Nancy Freeman Regalado, « Tristan and Renart : Two Tricksters », *L'Esprit créateur*, Spring 1976, vol. 16, n° 1, *The Comic Spirit in Medieval France*, p. 30-38.

du couple royal, s'il permet de duper le roi et la cour, il colle si bien à la peau de Tristan que la reine ne le reconnaît pas et ne lui réserve pas l'accueil escompté. En effet, le retour s'accompagne d'une rêverie de l'accueil aimant de la dame, exprimée par exemple dans l'imagination de la demeure céleste où il l'emmènerait si le roi acceptait de l'échanger contre sa sœur[1]*. La demeure devient, dans la version de Berne (v. 164-167), un lieu paradisiaque, qui abriterait le plaisir des amants, à la fois maison en ce qu'elle protège des intempéries et du gel et jardin de délices par les fleurs et les roses dont elle est bâtie. Oxford (v. 301-310) décrit ce lieu d'union comme un palais de verre, traversé au matin des rayons du soleil, et la chambre des amants, lieu de l'union rêvée et de l'amour réaffirmé, est faite de cristal. Or, pour emprunter à Jean Starobinski une opposition thématique célèbre*[2]*, ce rêve de* transparence *édénique se heurte dans la réalité à* l'obstacle *du déguisement en fou, si réussi qu'Yseut ne parvient pas à reconnaître Tristan derrière ce personnage grotesque. Les allusions à leur passé commun suscitent en elle la peur d'avoir affaire à un enchanteur ou à un imposteur (Berne, v. 518-519), à un escroc ou à un devin qui connaît toute son histoire par des pratiques magiques (Oxford, v. 563-564 et v. 571-572). Par sa perfection, le masque grotesque du fou dissimule si bien l'être de Tristan que, lorsqu'il décline son*

1. Voir aussi Berne, v. 227-231.
2. Jean Starobinski, *J.-J. Rousseau. La transparence et l'obstacle*, Gallimard, « Bibliothèque des Idées », 1971.

identité par le recours au pseudonyme de Tantris *ou* Trantris *que connaît parfaitement la reine, elle repousse violemment cette éventualité :*

« Iloc me numai je Trantris.	« À la cour je me suis fait appeler Tantris :
Ne sui je ço ? Ke vus est vis ? »	n'est-ce donc pas moi ? Qu'en pensez-vous ? »
Isolt respunt : « Par certes, nun !	Yseut répond : « Tu ne l'es certainement pas !
Kar cil est beus et gentils hum,	Car Tantris est beau et il a de nobles manières,
E tu es gros, hidus et laiz,	et toi qui te fais passer pour lui,
Ke pur Trantris numer te faitz. »	tu es gros, hideux et difforme[1]. »

La communication est à ce point brouillée entre les amants que la reine, tourmentée par la peur, la colère et la honte, se voile la tête de son manteau (Oxford, v. 478 ; Berne, v. 210), geste banal de désarroi au Moyen Âge, qui vient dans cette scène de retrouvailles redoubler l'obstacle du déguisement.

Le retour manqué auprès de la bien-aimée et le rêve d'accueil détruit provoquent alors chez le fou l'amertume et la plainte de n'être pas aimé à la hauteur de ses espérances. Dans la Folie *de Berne, Tristan se lamente que les effets du philtre d'amour soient inégalement partagés :*

1. Oxford, v. 365-370.

Cil boivres fu faiz a envers,	Ce breuvage a été préparé en dépit du bon sens,
De plusors herbes molt divers.	avec un mélange très singulier de plusieurs plantes.
Je muir por li, ele nel sant :	Je meurs pour elle, et elle ne ressent rien.
N'est pas parti onïemant,	Les effets ne sont pas justement partagés,
Car je sui Tritanz qui mar fu.	car c'est moi, Tristan, qui suis l'infortuné[1] !

Dans la Folie *d'Oxford, il reproche à la dame de l'avoir oublié en lui présentant comme modèle la mémoire fidèle de l'amour parfait :*

En ki me purreie mes fier,	En qui pourrais-je me fier désormais,
Quant Ysolt ne me deingne amer,	si Yseut ne daigne pas m'aimer,
Quant Ysolt a si vil me tient	si Yseut me méprise au point
Ke ore de mai ne li suvent ?	de ne plus se souvenir de moi ?
Ohi ! Ysolt, ohi ! amie,	Ah ! Yseut ! Ah ! ma bien-aimée,
Hom ki ben aime tart ublie.	quand on aime sincèrement, on n'oublie pas si vite[2].

1. Berne, v. 316-320. Voir aussi v. 342-345.
2. Oxford, v. 697-702. Le reproche se teinte de misogynie lorsque son chien Husdent le reconnaît spontanément (v. 937-938) : *Mut par at en chen grant franchise / E at en femme grant feintise.* [Il y a une très grande noblesse chez le chien / et chez la femme une très grande déloyauté.]

L'inflexibilité de la reine et sa froideur apparente, le dédain qu'elle affiche et qui est l'apanage de la dame courtoise dans la poésie d'amour médiévale renouvellent symboliquement la rupture imposée par l'exil. Comment dès lors abolir l'obstacle entre les deux amants et réaliser le rêve d'accueil et d'union qui a motivé le retour de Tristan l'amoureux ?

Des paroles aux émotions

Pris au piège des apparences qu'il a lui-même créées, Tristan doit reconquérir son identité effacée et renouer dans le présent immédiat les liens passés avec Yseut. Le moyen le plus simple de reconquérir son identité est de renoncer au pseudonyme Tantris / Trantris *qu'il a choisi comme masque de son identité véritable pour pénétrer à Tintagel*[1]. *Dans la deuxième partie de chaque poème, il procède alors lui-même au dévoilement du pseudonyme, révélant son véritable nom tout d'abord devant Brangien :*

E ! Cheles ! Ja sui je Tristran	Eh, croyez-moi ! C'est bien moi Tristan
Ki en tristur vif e en haan.	qui vis dans la tristesse et la souffrance.
Je sui Tristran, ki tant se dolt	C'est moi Tristan qui se désespère
Pur la amur la raïne Ysolt.	pour l'amour de la reine Yseut[2].

1. Voir Berne, v. 124-125.
2. Oxford, v. 617-620.

Durant l'entretien que lui accorde la reine, Tristan réaffirme ensuite à trois reprises son véritable nom dans la version d'Oxford[1]*, tandis que la version de Berne fait intervenir le nom au dénouement, lorsque sont éclaircis les malentendus et que Brangien rétablit définitivement les deux amants dans leur identité respective :* Il est Tristanz et vos Yseut *(v. 560).*

Toutefois, la reconquête de son propre nom par le héros ne suffit pas à conjurer la perte de son identité et l'oubli où semble l'avoir rejeté sa bien-aimée. Pour tisser à nouveau dans le présent un lien émotionnel avec elle et pour prouver son identité, Tristan plonge dans les profondeurs de la mémoire, et ramène à la surface des fragments de leur histoire passée connus d'eux seuls, mais aussi pour certains d'entre eux du roi Marc et de Brangien. L'évocation des souvenirs censés affirmer en arrière du moment présent une passion partagée dans la souffrance et le bonheur est commune aux deux Folies. *Mais bien que l'évocation de leur histoire débute dans les deux poèmes de la même manière par le rappel du combat contre le Morholt, qui détermina leur rencontre, et suive* grosso modo *le fil chronologique de la légende, l'ordre et le mode de la présentation des épisodes remémorés y sont sensiblement différents*[2]*. Dans la version d'Oxford, chaque épisode remémoré est enchâssé par un appel au souvenir d'Yseut*

1. Oxford, v. 624, 625 et 714.

2. Voir tableau synoptique des allusions à la légende, p. 199-202.

sollicité par le verbe soi membrer *(« se souvenir »), employé selon le décompte de Donald Maddox à seize reprises*[1] *sous forme déclarative :* Menbrer vus dait... *[Il doit vous souvenir], ou interrogative :* Ne vus menbre... ? *[Ne vous souvenez-vous pas ?]. Cette répétition crée un effet de refrain, ainsi qu'une scansion poétique lancinante des souvenirs représentés à la mémoire de la reine. En suivant à peu près l'histoire telle qu'elle nous est relatée par Thomas, Oxford présente dans sa première partie l'histoire des amants depuis leur première rencontre jusqu'au mariage d'Yseut et de Marc. À l'articulation entre les deux parties, lors de sa rencontre avec Brangien, Tristan évoque le départ en Irlande, et l'épisode du philtre confié à la suivante par la reine d'Irlande et bu en haute mer par les amants. Enfin, dans la deuxième partie, l'enchaînement des épisodes évoqués reconstitue le fil ordonné de la légende depuis la vie pleine de péril des amants à la cour de Marc jusqu'à la séparation et l'exil de Tristan. Progressivement, les allusions ramènent au présent des protagonistes.*

Dans le manuscrit de Berne, qui comprend dix-huit retours en arrière, des épisodes de la vie de Tristan exilé, passés sous silence dans la version d'Oxford, font l'objet d'une évocation, comme le voyage en Espagne et le mariage avec Yseut aux Blanches Mains, présentée comme la sœur

1. Voir v. 329, 363, 391, 417, 429, 463, 472, 626, 634, 659, 715, 727, 757, 817, 895, 943. On relève une variante avec *soi souvenir* : v. 763, 777.

de Kaherdin[1]*. De même, à la différence d'Oxford, l'évocation des épisodes ne suit pas systématiquement l'ordre chronologique de la légende. Les renvois étant de surcroît parfois plus allusifs — de l'ordre d'un ou deux vers, notamment devant le roi Marc —, l'effet de mise en recueil de micro-récits autonomes se trouve moins marqué. Mettant en exergue certains épisodes de la légende, dans lesquels l'interlocuteur du fou a joué un rôle-clé, Tristan choisit les allusions à la légende pour l'effet psychologique qu'elles sont censées produire sur lui*[2]*. La référence au passé est ainsi constamment soumise à la dynamique dramatique du récit enchâssant. Dans la première partie, adressée au roi Marc, l'évocation de l'épisode de la loge de feuillage, au cours duquel il a épargné les amants avant de se retirer, annonce son retrait de la scène par un départ à la chasse qui laisse les amants libres de se retrouver. Ce souvenir de la clémence du roi vient adoucir l'image vindicative donnée de lui au début du poème. Sa violence en est comme neutralisée. À Brangien, le fou rappelle sa culpabilité lors de l'épisode du philtre, ce qui lui assure sa soumission et sa complicité dans la suite de l'intrigue. Dans la deuxième partie, le rappel des souvenirs adressés à Yseut se fait plus dense et suit plus fidèlement la chronologie de la légende.*

1. Berne, v. 49-50 ; v. 239.
2. Voir Krystyna Kasprzyk, « Fonction et technique du souvenir dans la *Folie Tristan* (Berne, 354) », *Études de langue et de littérature du Moyen Âge offertes à Félix Lecoy*, Champion, 1973, p. 261-270.

Dans ce flux narratif, les épisodes mis en vedette sont ceux où Tristan a sauvé Yseut d'une oppression masculine : contre Gamarien, Guimarant ou les lépreux par exemple. Ces rappels promeuvent sa valeur héroïque et soulignent la dette symbolique de la reine à son égard.

Toutefois, la résurgence de souvenirs partagés ne parvient pas à vaincre la méfiance de la reine et Tristan échoue à se faire reconnaître de sa bien-aimée par le seul pouvoir des mots. Il faut en effet des signes concrets, deux gages d'amour que les amants s'étaient jadis donnés : le chien Husdent et l'anneau de la reine, pour que celle-ci reconnaisse son ami sous la semblance du fou, dans la version de Berne. À ce point du récit, celle d'Oxford ménage un nouveau rebondissement, puisque la reine à la vue de l'anneau croit son ami disparu et sa bague en possession d'un imposteur. Il faut alors que Tristan reprenne sa voix naturelle pour qu'elle consente enfin à le reconnaître. Si le langage conventionnel ne fait que préparer la reconnaissance de Tristan sans la réaliser pleinement, les émotions et les bouleversements physiques de tous les protagonistes parviennent à éclaircir les malentendus et à créer enfin le bonheur partagé de l'accueil. Le pathétique est à son comble lors de la description de la joie d'Husdent qui fête le retour de son maître en aboyant, en bondissant sur lui et en lui léchant les mains, quand sont évoquées les larmes brûlantes de Tristan se confiant à l'anneau, et celles d'Yseut croyant son ami disparu à tout jamais, quand est éveillée enfin la pitié de Tristan qui lui fait cesser toute dissimulation. Teint qui blêmit, tressaillements d'angoisse, évanouissement d'Yseut, étreinte passionnée et échange de baisers, on assiste à un tourbillon émotionnel qui se résorbe pour les deux amants dans la joie pure des retrouvailles.

Les Folies *occupent donc une place singulière parmi les premiers textes français de la légende de Tristan et Yseut. Fondées sur un épisode isolé de la légende, dont les romans de Béroul et de Thomas dans l'état de leur conservation n'ont pas gardé la trace, elles présentent la particularité d'inclure un résumé de la légende tout entière, non pas sur un mode didactique, mais sur un mode poétique et même lyrique, par la bouche de Tristan qui évoque à la première personne son passé amoureux avec Yseut. Cette accumulation d'allusions parfois fugitives à la légende suppose celle-ci bien connue du public de l'époque. En cela, les* Folies *attestent de l'intense circulation de cette histoire à la fin du XIIe siècle. Peut-être même est-il permis de voir en Tristan récitant devant la cour ces épisodes légendaires le reflet de la transmission orale de cette histoire telle qu'elle devait se faire devant le public des châteaux médiévaux. Cette position originale du héros, à la fois acteur et narrateur à la première personne de sa propre histoire, est révélatrice de la singularité de Tristan parmi les chevaliers du Moyen Âge. Si Lancelot échange son écu contre celui d'un autre chevalier, accepte l'incognito pour dissimuler son identité, jamais il ne se déguise ni ne bafoue le roi Arthur*[1]. *Pour retrouver Yseut, Tristan endosse quant à lui les travestissements les plus dégradants et les plus humiliants, tout en se moquant ouvertement du roi Marc et des interdits sociaux. Chargé de significations symboliques, le déguisement en fou révèle le côté obscur, dangereux et subversif de la passion amoureuse, autant qu'il met en lumière les pouvoirs créateurs du héros, à la fois comédien et poète inspiré, capable de risquer sa vie, de raviver par les mots l'éclat du passé et d'en redessiner les scènes effacées, pour reconquérir celle qu'il aime et s'unir à elle dans la joie partagée et l'amour renouvelé.*

MIREILLE DEMAULES

1. Voir Jean-Charles Payen, « Lancelot contre Tristan : la conjuration d'un mythe subversif (réflexion sur l'idéologie romanesque au Moyen Âge) », *Mélanges de langue et de littérature médiévales offerts à Pierre Le Gentil*, SEDES, 1973, p. 617-632.

Note sur l'édition et la traduction des textes

La présente édition des *Folies* de Tristan reprend l'édition parue en 1995, dans *Tristan et Yseut. Les premières versions européennes*, volume de la « Bibliothèque de la Pléiade » dirigé par Christiane Marchello-Nizia. Les principes d'établissement des textes n'ont pas changé, mais chaque édition-traduction a été entièrement révisée et corrigée. Le fragment de Cambridge, qui sert de manuscrit de contrôle pour l'édition d'un passage de la *Folie* de Berne et dont les variantes figuraient dans l'appareil critique, est ici édité en intégralité et traduit pour la première fois en français contemporain.

La Folie de Tristan, version d'Oxford

La *Folie* d'Oxford nous est conservée dans un unique manuscrit complet : Oxford, bibliothèque Bodléienne, manuscrit Douce d6, f° 12 d – f° 19 a.

Il s'agit d'un petit manuscrit composé de vingt-deux feuillets de parchemin mesurant 257 × 175 mm, écrit en Angleterre dans le troisième tiers du XIIIe siècle. Le texte, copié sur deux colonnes de 39 vers chacune, dans une écriture soignée, est orné de soixante et une lettrines, alternativement bleues et rouges, peintes sur un espace allant de deux à quatre lignes. Deux d'entre elles n'ont pas été exécutées (v. 499, 551). La justification est encore visible. Chaque vers commence par une majuscule nettement séparée du reste du vers et se termine par un point. Ce manuscrit contient le plus long fragment conservé du *Tristan* de Thomas (v. 1422-3241), qui relate toute la fin du roman, auquel fait suite le texte de la *Folie*, écrit de la même main. Il s'achève par deux courts textes anglo-normands : un poème moralisant sur l'humilité et l'orgueil et un récit en prose sur la Vraie Croix, peut-être copié par un autre scribe.

Principes d'édition

En l'absence de toute copie de contrôle, nous avons reproduit le manuscrit avec la plus grande fidélité en respectant, même à la rime, son orthographe qui suit de près la prononciation de l'anglo-normand, dialecte français parlé au Moyen Âge, de part et d'autre de la Manche, après la conquête de l'Angleterre (1066) par Guillaume le Conquérant. Nous n'avons corrigé que là où la leçon était erronée en raison d'une faute de plume ou d'une mauvaise lecture du scribe qui altérait le sens du texte. Lorsque la correction ne semblait pas devoir s'imposer à l'exclusion de toute autre, nous avons préféré maintenir le vers même défectueux, voire inintelligible. Les divisions introduites dans la présentation correspondent à celles du manuscrit visualisées par les lettrines.

Corrections

Malgré des erreurs qui sont le lot commun de tous les manuscrits, le scribe a manifestement effectué son travail avec soin. Pour donner au lecteur une idée du système graphique d'un manuscrit composé et copié en anglo-normand, nous n'avons pas corrigé les traits de graphie, parfois déroutants, qui sont caractéristiques de ce dialecte[1]. Nous avons conservé par exemple les gra-

1. La langue et le système graphique de la *Folie* d'Oxford ne diffèrent guère de ceux du fragment du manuscrit Douce. Pour une description approfondie des conventions graphiques adoptées par le scribe de Thomas dans ce manuscrit, on se reportera à la « Note sur le texte et la traduction » du roman

phies qui peuvent apparaître comme une inexactitude concernant le genre des substantifs (*un herbete*, v. 213), ou celui de l'adjectif et du participe passé, qui, dans un grand nombre de cas, ne s'accordent pas avec le substantif féminin auquel ils se rapportent et restent invariables (*la tur querré* [« la tour carrée »], v. 105). Ces irrégularités tiennent au fait qu'en anglo-normand, le *-e* final est effacé à l'oral, comme en français moderne, et que la graphie médiévale suivant la prononciation, il n'est pas noté ou l'est de manière qui peut nous sembler incertaine.

Versification, compte des syllabes

La *Folie* d'Oxford est écrite en octosyllabes à rimes plates. Or la copie du poème est déparée de nombreux vers irréguliers, parfois hypermétriques, mais dans leur majorité hypométriques. Ce phénomène fréquent en anglo-normand s'explique de deux manières.

Sous l'influence de la poésie anglaise de l'époque, dont le rythme est fondé sur les accents d'intensité, les poèmes écrits ou copiés en anglo-normand s'accommodent mal du compte des syllabes de la versification continentale[1]. Les vers faux foisonnent donc, mais ils ne l'étaient sans doute pas à l'oreille du copiste, sensible au rythme des accents. Les vers de sept ou neuf syllabes comportant quatre accents toniques étaient parfaitement corrects pour lui. C'est pourquoi nous ne les avons pas corrigés, les considérant comme un témoignage intéressant d'une particularité linguistique et littéraire.

---

de Thomas procurée par Christiane Marchello-Nizia dans *Les premières versions européennes*, p. 1244-1246 ; ainsi qu'à la liste des graphies insulaires établie par Emmanuèle Baumgartner, dans Thomas, *Le Roman de Tristan* suivi de *La Folie Tristan de Berne* et de *La Folie Tristan d'Oxford*, éd. et trad. Emmanuèle Baumgartner et Ian Short, avec les textes établis par Félix Lecoy, Champion, « Champion Classiques », 2013, p. 39-40.

1. À ce sujet, voir Olivier Herbert Prior, « Remarques sur l'anglo-normand », *Romania*, t. 49, 1923, p. 161-185, et plus particulièrement p. 171-177. On consultera aussi Georges Lote, « Les éléments constitutifs du vers français », *Histoire du vers français*, Hatier, t. 1, 1949, p. 295 et suivantes.

D'autre part, si dans la poésie française de cette époque le *-e* se prononce, en fin de syllabe, même après voyelle (par exemple dans *espee*), ou en hiatus (comme dans *deü* [« dû »]), il n'en va pas de même en anglo-normand, où il est déjà effacé de la prononciation. De ce fait, le copiste manie le *-e* muet avec la plus grande imprécision. Nous avons renoncé à rétablir la mesure de l'octosyllabe dans les vers faux, soit en corrigeant un hiatus, soit en ajoutant un monosyllabe de remplissage, comme *et*, ou en jouant sur des doublets morphologiques fréquents en ancien français tels que *lors / lores, el / ele, cume / cum*.

La voyelle élidée des monosyllabes (*ke, le, je, me, te,* ou *la, ma, ta, sa, si, ki*) devant initiale vocalique est le plus souvent maintenue dans la graphie, conformément à l'usage de nombreux scribes anglo-normands. Nous avons conservé cette habitude graphique justifiée parfois par la mesure du vers.

La Folie de Tristan, version de Berne

Les manuscrits

Le texte intégral de la *Folie* de Berne est conservé dans un unique manuscrit (B) ; on dispose en outre d'un fragment de 61 vers conservé dans un autre manuscrit (C).

Le manuscrit B, Berne, Bibliothèque de la Bourgeoisie, 354, f° 151 d – f° 156 d, est un manuscrit de petit format sur parchemin, composé de deux cent soixante-quatorze feuillets mesurant 240 × 263 mm. Probablement copié dans un atelier bourguignon, au début du XIVe siècle, il est l'œuvre de deux copistes dont le travail, selon Jean Rychner[1], aurait été peut-être préparé par un maître d'atelier. Le texte est réparti sur deux colonnes de 30 vers chacune. Chaque vers commence par une majuscule

1. Jean Rychner, « Deux copistes au travail. Pour une étude textuelle globale du manuscrit 354 de la bibliothèque de la Bourgeoisie de Berne », *Medieval French Textual Studies in Memory of T. B. W. Reid*, éd. Ian Short, Londres, The Anglo-Norman Text Society, 1984, p. 187-218.

nettement séparée du reste du vers. Le début du texte est marqué par une initiale colorée et par la rubrique « *Ci conmance de Tristan* ». Propriété du célèbre humaniste Henri Estienne (1531-1598), qui apposa sa signature dans la marge inférieure du premier feuillet, ce manuscrit est une petite bibliothèque ambulante qui semble refléter le répertoire d'un jongleur. Il contient en effet une très importante collection de fabliaux, de poèmes satiriques, de récits allégoriques ou de récits de la matière de Bretagne. N'est-il pas significatif que *La Folie de Tristan*, poème de 572 vers dont le héros, à l'instar du jongleur, amuse le roi et la cour par ses balivernes, ait été inséré dans cette compilation de récits, pour la plupart brefs et satiriques ?

Le fragment C, Cambridge, Fitzwilliam Museum, 302, f° 100 v°, figure dans un manuscrit de cent feuillets sur vélin, mesurant 170 × 115 mm, copié en Angleterre au XIIIe siècle. Il contient l'*Historia regum Britanniæ* de Geoffroy de Monmouth, intitulée ici *De Gestis regum Britanniæ insule*, une version anglo-normande des *Propheties Merlin* par Helys, une prière latine. Le fragment qui nous intéresse est copié sur le verso de la dernière feuille et compte 33 lignes. Il donne ainsi 61 vers de *La Folie de Tristan* de Berne que le scribe a transcrits comme de la prose, en prenant soin toutefois d'indiquer la fin des vers par un point. Ce court passage correspond aux vers 150-198 de notre édition. Il relate l'arrivée de Tristan déguisé en fou à la cour du roi Marc, sa conversation avec Marc et Yseut au cours de laquelle sont évoqués les moments les plus bouleversants de leur liaison amoureuse, jusqu'à leur découverte par le roi Marc dans la hutte de feuillage. La description et l'édition commentée de ce fragment ont été établies pour la première fois par Ruth J. Dean et Elspeth Kennedy, dans « Un fragment anglo-normand de la *Folie Tristan* de Berne », article paru dans *Le Moyen Âge*, t. 79, n° 1, 1973, p. 57-72. Duncan Robertson en a établi une édition corrigée qu'on pourra lire dans « On the Text of the Berne Folie Tristan », *Romania*, t. 98, 1977, p. 95-104.

La qualité des témoignages

L'impression qu'ont retirée les éditeurs de l'analyse de la copie de la leçon B est celle d'une transcription médiocre, voire « très défectueuse[1] ». Le scribe du manuscrit de Berne ne devait pas toujours bien comprendre son modèle, sans doute parce qu'il n'appartenait pas à la même aire dialectale. En effet, les fautes ne portent pas seulement sur des points de détail comme les noms propres, par exemple, qui sont fréquemment estropiés, mais aussi sur des vers entiers oubliés comme le montre l'examen des rimes, voire des passages gravement altérés. Ces négligences en laissant supposer bien d'autres, le fragment de Cambridge s'avère très précieux. Outre qu'il confirme la défectuosité de la copie et par là même incline à modérer la sévérité des jugements portés sur l'œuvre, dont les maladresses sont imputables à l'état de sa transmission, il peut servir de copie de contrôle pour les vers 150-198. Ce fragment comporte en effet des vers absents du manuscrit de Berne, qui appartenaient probablement à l'original perdu. De plus, il offre des variantes propres à éclairer des leçons obscures du manuscrit B. Plusieurs vers du fragment restent difficilement compréhensibles, en raison de l'orthographe atypique du scribe ; aussi ne pouvons-nous corriger ou suppléer aux lacunes de la leçon B à l'aide de ce fragment, à cause de la trop grande disparité graphique des copies.

Établissement du texte

Bien que notre souci ait été de reproduire le manuscrit de Berne en ne retouchant que les erreurs matérielles les plus évidentes, la défectuosité de la copie impose de nombreuses corrections qui, en l'absence de tout autre manuscrit de contrôle, relèvent souvent de la conjecture. C'est pourquoi, chaque fois qu'une émendation ne nous paraissait pas absolument convaincante ou nécessaire, nous nous sommes abstenu d'intervenir. À l'instar de nos prédécesseurs, nous avons cependant corrigé un passage particulièrement bouleversé dans le manuscrit, comme le montrent les rimes inexactes et les incohérences

1. *La Folie Tristan de Berne*, éd. Ernest Hoepffner, Strasbourg, Publications de la Faculté des lettres de l'Université de Strasbourg (textes d'étude, 3), 2e édition revue et corrigée, 1949, p. 33.

syntaxiques. En effet les vers 76-77 y sont répétés dix-huit vers plus loin. Le passage qui devrait être normalement situé entre les vers 78 à 83 a été sauté et déplacé dans le manuscrit après la répétition des vers 76-78, soit aux vers 98-103. Nous avons supprimé le couplet de vers répété et transporté les vers 98-103 du manuscrit après le couplet des vers 76-77. Nous adoptons ainsi la correction d'Ernest Hoepffner, qui supposait qu'un copiste précédent avait sauté tout un passage. S'avisant de son oubli, il aurait ajouté la série de vers omis, en répétant les vers 76-77, dans le texte ou dans la marge, pour signaler l'endroit d'insertion. Le copiste du manuscrit de Berne n'aurait pas compris l'indication et aurait laissé les vers oubliés à la mauvaise place.

Nous avons conservé les faits de graphie dialectale qui témoignent de l'intervention du copiste soucieux d'adapter un texte originaire de Normandie au dialecte de la Basse-Bourgogne où, selon Jean Rychner, aurait été copié le manuscrit 354 de Berne. Certaines formes sont en effet caractéristiques de l'est de la France, en particulier *lo / lou* exclusivement employées pour *le,* article défini ou pronom personnel, *do* pour *du* (v. 242, 347, 385...), *mervoilles* pour *merveilles* (v. 260), *oroilles* pour *oreilles* (v. 261), *chevol* pour *chevel* (v. 420).

Le fragment de Cambridge

Écrit en dialecte anglo-normand, le fragment de Cambridge présente un système graphique atypique et une forme métrique parfois irrégulière. Pour son intérêt documentaire, et eu égard à la qualité des leçons qu'il présente et qui permettent de combler des lacunes ou de corriger des leçons défectueuses du manuscrit B, nous en proposons une transcription à part, en suivant l'édition de nos devanciers.

La traduction

Nous avons essayé de traduire avec simplicité en évitant tout archaïsme de l'expression, afin de répondre aux exigences d'une lecture moderne. L'ancien français mêle constamment temps du présent et du passé. Cependant, en raison de la prééminence du discours direct dans le poème et de la fréquence du présent historique qui met sur le même plan temporel la situation narrative et les dialogues, nous avons généralisé l'emploi du présent afin de dramatiser l'action, alors que le texte narratif moderne use plus volontiers du passé simple pour le récit.

Nous avons normalisé sous leur forme la plus communément admise les noms des héros de la légende : *Tristan*, *Yseut*, *Brangien*, même si elle ne correspond pas aux formes notées dans le manuscrit.

Enfin, dans les notes, nous avons analysé les difficultés d'interprétation suscitées par le texte, en nous aidant des commentaires très érudits de nos prédécesseurs. Pour aider le lecteur à comprendre les allusions intertextuelles, nous avons également répertorié les différents épisodes de la légende évoqués dans le discours du fou. Dans le dossier figure, outre un résumé de la légende, un tableau synoptique de ces épisodes cités avec leur référence dans les *Folies*. Le lecteur pourra ainsi apprécier l'exhaustivité et la mise en ordre des citations dans chacun de nos deux poèmes. Toutes les références aux autres textes de la légende sont faites à partir du volume de la Pléiade précédemment cité.

M. D.

LES FOLIES TRISTAN

LES FOLIES DE TRISTAN

Manuscrit d'Oxford

Tristran surjurne en sun païs, [12 v. b]
Dolent, murnes, tristes, pensifs.
Purpenset soi ke faire pot,
Car acun cunfort lu estot.
Confort lu estot de guarir,
U, si ço nun, melz volt murir.
Melz volt murir a une faiz
Ke tut dis estre si destraiz,
E melz volt une faiz murir
Ke tut tens en peine languir.
Mort est assez ki en dolur vit ;
Penser cunfunt hume e ocist.
Peine, dolur, penser, ahan
Tut ensement cunfunt Tristran.
Il veit ke il ne puet guarir ;
Senz cunfort lui estot murir.
Ore est il dunc de la mort cert,
Quant il sa amur, sa joie pert.

Tristan s'est installé dans son pays[1].
Il est sombre et morne, triste et pensif.
Il se demande que faire
pour trouver la consolation dont il a besoin.
Il lui faut apaiser sa souffrance
ou mourir plutôt que vivre ainsi.
Il préfère en finir une fois pour toutes
plutôt qu'être sans cesse en proie à un tel tourment,
il préfère mourir enfin
plutôt que toujours languir dans la souffrance[2].
Il est bel et bien mort, celui qui vit dans la douleur ;
la mélancolie le consume et l'anéantit.
Peine et douleur, mélancolie et chagrin
se conjurent pour miner Tristan.
Il voit bien qu'il ne peut guérir,
que, sans consolation, il ne peut échapper à la mort.
Maintenant, il sait sa mort inéluctable,
puisqu'il perd son amour, sa joie.

Quant il pert la reïne Ysolt,
Murir desiret, murir volt,
Mais sul tant ke ele soüst
Ke il pur la sue amur murrust,
Kar si Ysolt sa mort saveit,
Siveus plus suëf en murreit.
Vers tute gent se cele e doute,
Ne volt vers nul descoverir le dute.
Il s'en celet, so en est la fin,
Vers sun cumpaingnun Kaherdin ;
Kar ço cremeit, si li cuntast
De sun purpens, ke il l'en ostast,
Kar ço pensout e ço voleit
Aler en Engleterre droit,
Nent a cheval, mais tut a pé,
K'el païs ne seit entercé,
Kar il i ert mult cunuz,
Si serrait tost aparceüz.
Mais de povre hom ki a pé vait,
Ne en est tenu gueres de plait ;
De povre message e nu
Est poi de plait en curt tenu. [13 r. a]
Il se penset si desguiser
Et sun semblant si remüer
Ke ja nuls hom ne lu conestrat
Ke Tristran seit, tant nel verrat.
Parent, prucein, per ne ami
Ne pot saver le estre de li.

Puisqu'il perd la reine Yseut,
il désire la mort, il appelle la mort,
avec pour seule et dernière volonté qu'Yseut sache
que c'est pour l'amour d'elle qu'il va mourir :
si Yseut l'apprend,
il mourra au moins plus apaisé.
Il se méfie de tout le monde, dissimule ses pensées
et ne veut découvrir son tourment à personne.
Il tait son secret, et c'est tout dire,
même à son compagnon Kaherdin,
redoutant, s'il lui découvre son dessein,
qu'il ne l'en dissuade :
il a projeté et décidé
d'aller droit en Angleterre,
non pas à cheval, mais à pied,
afin de ne pas être reconnu,
car il est bien connu là-bas
et on aurait tôt fait de le repérer.
Mais un pauvre homme allant à pied
n'attire guère l'attention ;
d'un humble messager, pauvrement vêtu,
on fait peu de cas à la cour[1].
Il a décidé de se déguiser
et de changer son apparence
au point de se rendre méconnaissable,
même aux yeux de qui l'observerait attentivement.
Aucun parent, aucun proche, aucun compagnon d'armes, aucun ami
ne peut soupçonner ses pensées.

Tan par se covre en sun curaje
Ke a nul nel dit ; si fait ke sage,
Kar suvent avent damage grant,
Par dire sun cunseil avant.
Ki s'i celast e nel deïst,
Ja mal, so crei, ne encursist.
Pur cunseil dire e descuverir
Solt maint mal suvent venir.
La gent en sunt mult desturbé
De so ke n'unt suvent pensé.

Tristran se cele cuintement,
Si pense mult estreitement.
Il nel met mie en long respit :
La nuit se purpense en sun lit
E l'endemain, tres par matin,
Acuilt sun erre e sun chemin.
Il ne finat unke d'erer,
Si est venu droit a la mer.
A la mer vent e truve prest
La nef e quanques mester est.
La nef ert fort e bele e grande,
Bone cum cele ke ert markande ;
De plusurs mers chargé esteit,
En Engleterre curre devait.

Li notiner alent lur treff
E desancrent cele nef :

Il cache soigneusement le fond de son cœur
et ne se confie à personne ; c'est une sage résolution,
car il arrive souvent grand dommage
à qui dévoile ses desseins.
Si l'on sait se cacher et se taire,
on se préserve, je crois, de l'infortune[1].
Révéler et confier ses intentions
attirent d'ordinaire bien des déboires.
Les gens essuient bien souvent de cruelles déconvenues
pour avoir manqué de réflexion.

Tristan cache son projet avec prudence
et le mûrit dans le moindre détail.
Il ne tarde pas à le mettre à exécution :
cette nuit-là, dans son lit, il tourne et retourne ses pensées,
et le lendemain, de bon matin,
il se met en route.
Il va d'une traite,
tout droit jusqu'à la mer.
Arrivé sur la côte, il trouve un navire prêt
à appareiller avec tout ce qu'il faut.
C'était un grand navire, puissant et magnifique,
un bon navire marchand.
Il transportait une abondante cargaison de marchandises
et devait faire route vers l'Angleterre.

Les matelots hissent leur voile
et lèvent l'ancre du navire :

Aler volent en alte mer,
Li venz est bon pur ben sigler.
Atant est vus Tristran li pruz ;
Dit lur : « Sennurs, Deu vus guard tuz !
En quel part en irés vus, Deu l'oie ?
— En Engleterre, funt cil, a joie ! »
Tristran respunt al notiner : [13 r. b]
« A joie i pussez vus aler,
Sennurs, kar me portez od vus !
En Bretaine aler volum nus. »
Cil li ad dit : « Ben le grant.
Entrez dunc tost, venez avant ! »
Tristran i vent e si entre enz.
El vail amunte s'i fert li venz.
A grant esplait s'en vunt par le unde,
Trenchant en vunt la mer parfunde.
Mult unt bon vent a grant plenté,
A plaisir, a lur volunté.
Tut droit vers Engleterre curent,
Dous nuiz e un jur i demurent ;
Al secund jur venent al port,
A Tintagel, si droit record.

Li roi Marces i surjurnout,
Si fesait la reïne Ysolt,
E la grant curt iloc esteit,
Cum li rais a custume aveit.
Tintagel esteit un chastel
Ki mult par ert fort e bel.
Ne cremout asalt ne engin
....
.... ki vaile

Ils s'apprêtent à gagner la haute mer.
Le vent est propice à une traversée rapide.
Aussitôt, Tristan le preux les héla :
« Seigneurs, que Dieu vous protège tous !
Où allez-vous, par la grâce de Dieu ?
— En Angleterre, s'écrient-ils, et avec joie ! »
Tristan lance alors aux matelots :
« Que la joie vous accompagne !
Seigneurs, emmenez-moi donc avec vous !
Nous voulons aller en Grande-Bretagne. »
Il s'entend répondre :
« D'accord, embarquez donc, vite, à bord ! »
Tristan embarque sans attendre.
Le vent gonfle le haut de la voilure.
Ils filent sur l'onde à grande allure,
fendant les flots de la mer profonde.
Ils naviguent avec un vent favorable
et vif à souhait.
Ils cinglent droit vers l'Angleterre
et restent en mer deux nuits et un jour.
Le second jour, ils accostent au port,
à Tintagel, si mes souvenirs sont bons.

Le roi Marc y séjournait
avec la reine Yseut,
et là se tenait la grande cour,
selon l'habitude du roi.
Tintagel était un château
splendide et solidement fortifié.
Il ne craignait ni assaut ni machine de guerre
....
.... qui vaille

Sur la mer en Cornuaile.
La tur querré, fort e grant,
Jadis la fermerent jëant.
De marbre sunt tut li quarel
Asis e junt mult ben e bel.
Eschekerez esteit le mur
Si cum de sinopre e de azur.
Enz al chastel esteit une porte :
Ele esteit bele e grant e forte.
Ben serreit le entré e le issue
Par dous prudumes defendue.

La surjurnout Marces li reis,
Od Bretuns e od Cornwaleis,
Pur le chastel ke il amout ;
Si feseit la raïne Ysolt.
Plentet i out de praerie,
Plentet de bois, de venerie, [13 v. a]
De ewes duces, de pescheries
E des beles gwaineries.
Les nefs ki par mer siglouent
Al port del chastel arivouent.
Par mer iloc al rei veneient
Genz de autres terres kil quereient,
E li estrange e li privé,
E pur so le ad il enamé.
Li lius ert beus e delitables,
Li païs bons e profitables.
E si fu jadis apelez
Tintagel li chastel faez.

sur le rivage de la Cornouailles.
La masse puissante du donjon carré,
jadis des géants l'avaient édifiée[1].
Les blocs de pierre, tout en marbre,
y étaient disposés et joints avec art.
Le mur présentait, comme un échiquier,
des carrés rouges et azur.
Dans l'enceinte s'ouvrait une porte,
haute, solide et magnifique.
L'entrée et la sortie devaient être bien défendues
par deux valeureux chevaliers.

Là séjournait le roi Marc,
entouré de Bretons et de Cornouaillais,
car il aimait ce château,
tout comme la reine Yseut.
Aux alentours abondaient les prairies,
les bois et les terrains giboyeux,
les rivières et les eaux poissonneuses,
et il y avait aussi de belles terres labourées.
Les navires qui traversaient la mer
mouillaient au pied du château[2].
De la mer débarquaient là
des visiteurs venus d'ailleurs pour voir le roi,
des étrangers mais aussi ses familiers,
et, pour cette raison, le roi Marc appréciait ce lieu.
Le site était beau et agréable,
le pays fertile et prospère.
Jadis on appelait
Tintagel « le château enchanté ».

Chastel faé fu dit a droit,
Kar dous faiz le an se perdeit.
Li païsant distrent pur veir
Ke dous faiz le an nel pot l'en veir,
Hume del païs ne nul hom,
Ja grant guarde ne prenge hom,
Une en ivern, autre en esté,
So dïent la gent del vingné.
La nef Tristran est arivé :
El port senement est ancré.

Tristran salt sus, si s'en ist
E sur la rive si se asist.
Nuveles demande e enquert
Del rai Marces, e u il ert.
Hom lu dit ke en la vile esteit
E grant curt tenu aveit.
« E u est Ysolt la raïne,
E Brengain, sa bele meschine ?
— Par fait, e eus sunt ici,
Enco n'at guere ke je les vi.
Mais certes, la raïne Ysolt
Pensive est mult, cum ele solt. »

Tristran, quant ot Ysolt numer,
Del quer cumence a supirer.
Purpenset sai de une vaidi,
Cum il purrat veer sa amie.

Ben set ke il n'i purrat parler, [13 v. b]
Pur nul engin ke il pot truver.

Il méritait bien ce nom
car deux fois l'an il disparaissait.
Au dire des paysans,
deux fois dans l'année, il devenait invisible
aux yeux des gens du pays comme aux yeux de tout un chacun,
quelque effort d'attention que l'on fît,
une fois en hiver et une fois en été ;
c'est ce qu'assurent les gens de la région[1].
C'est là qu'a accosté le navire de Tristan :
il est solidement ancré au port.

D'un bond, Tristan débarque
et s'assied sur la rive.
Il s'enquiert et demande des nouvelles
du roi Marc, cherchant à savoir où il se trouve.
Un passant lui apprend qu'il est dans la ville
où il a réuni une cour importante[2].
« Et où est Yseut, la reine,
et Brangien, sa belle suivante ?
— Ma foi, elles aussi sont ici,
je les ai aperçues il y a peu.
Mais assurément la reine Yseut
a l'air bien triste, comme d'habitude. »

Au nom d'Yseut, Tristan
se met à soupirer du fond du cœur.
Il médite une ruse
pour parvenir à voir son amie.

Il sait bien qu'il ne pourra lui parler
sous aucun prétexte.

Prueisse ne lu pot valer,
Sen ne cuintise ne saver,
Kar Marces li rois, so set il ben,
Le het sur trestute ren,
E si il vif prendre le poeit,
Il set ben ke il le ocireit.
Dunc se purpense de sa amie
E dit : « Ki en cheut si il me ocie ?
Ben dai murir pur sue amur.
Las ! Ja me mur chescun jur.
Ysolt, pur vus tant me doil,
Ysolt, pur vus ben murir voil.
Ysolt, si ci me savïez,
Ne sai si a mai parlerïét.
Pur vostre amur sui afolez,
Si sui venu e nel savez.
Ne sai cument parler od vus :
Pur ço sui tant anguissus !

Ore voil espruver autre ren,
Saver si ja me vendreit ben :
Feindre mei fol e faire folie.
Dunc n'est ço sen e grant veisdie ?
Cuintise est. Quant n'ai liu e tens,
Je ne puis faire nul greinur sens.
Tels me tendra pur asoté
Ke plus de lu serrai sené,
E tels me tendra pur bricun,
Ki avera plus fol en sa maisum. »

Sa prouesse ne lui servira à rien,
ni son intelligence, ni son habileté, ni sa sagesse,
car le roi Marc, il le sait bien,
le hait plus que tout,
et s'il parvient à le capturer vivant,
il le fera mettre à mort, il en est sûr.
Aussi se dit-il en songeant à son amie :
« Qu'importe s'il me tue ?
Il est juste que je meure pour l'amour d'elle.
Hélas ! Déjà je me meurs chaque jour.
Yseut, je souffre tant de vous aimer,
Yseut, je consens à mourir pour vous.
Yseut, si vous me saviez ici,
je ne sais si vous accepteriez de me parler.
Votre amour me rend fou[1],
je suis venu ici et vous l'ignorez.
Je ne sais comment vous parler :
Voilà ce qui me désespère !

Mais je vais tenter un nouveau stratagème
qui peut-être me réussirait :
je vais me déguiser en fou et feindre la folie.
N'est-ce donc pas une ruse fine et astucieuse ?
C'est ingénieux. À défaut de circonstance opportune,
je ne puis agir plus adroitement.
Tel me croira simple d'esprit
qui sera moins sensé que moi,
et tel me jugera idiot
qui aura sous son toit plus fou que moi[2]. »

Tristran a cest cunseil se tient.
Un peschur vait ki vers lu vient.
Une gunele aveit vestue
De un esclavine ben velue.
La gunele fu senz gerun,
Mais desus out un caperun.
Tristran le vait, vers lu le ceine,
En liu repost od lu l'en maine.
« Amis, fet il, changuns noz dras !
Li mens sunt bons ke tu averas ; [14 r. a]
Ta cote averai, ke mult me plest,
Kar de tels dras suvent me vest. »
Li peschers vit les dras bons,
Prist les, si li dunat les sons,
E quant il fu saisi des dras,
Lez fu, si s'en parti chaut pas.

Tristran unes forces aveit
Il meïmes porter les soleit.
De grant manere les amat :
Ysolt les forces lu donat.
Od les forces haut se tundi ;
Ben senlle fol u esturdi.
En aprés se tundi en croiz ;
Tristran sout ben müer sa voiz.
Od un herbete teinst sun vis,
Ke il aporta de sun païs.
Il oinst sun vis de la licur,
Puis ennerci, si muad culur.

Tristan a arrêté sa décision.
Il aperçoit un pêcheur qui s'avance vers lui.
Il porte une tunique,
taillée dans une étoffe bien velue.
La tunique n'a pas de giron,
mais elle est pourvue d'un capuchon[1].
Tristan regarde le pêcheur, lui fait signe
et l'attire avec lui à l'écart :
« Ami, fait-il, échangeons nos vêtements !
Les miens sont bons, ils sont à toi.
Je prendrai ta cotte qui me plaît bien,
car j'aime porter ce genre de vêtements. »
D'un coup d'œil, le pêcheur apprécie la qualité des habits,
les prend et lui donne les siens.
Dès qu'il a endossé les habits,
le pêcheur, tout heureux, s'en va d'un pas vif.

Tristan possède des ciseaux
qu'il porte toujours sur lui.
Il y tient beaucoup :
c'est Yseut qui les lui a donnés.
Avec ces ciseaux, il se coupe les cheveux très court.
Il a vraiment l'air d'un fou ou d'un innocent.
Puis il se fait une tonsure en forme de croix[2].
Tristan a aussi l'art de changer sa voix[3].
Il se barbouille le visage avec une petite plante
qu'il a apportée de son pays.
Une fois sa figure enduite du suc de la plante,
son teint change de couleur et brunit[4].

N'aveit hume ki al munde fust
Ki pur Tristran le cunust,
Ne ki pur Tristran le enterçast,
Tant nel veïst u escutast.
Il ad de une haie un pel pris
E en sun col le ad il mis.
Vers le chastel en vait tut dreit.
Chaskun ad poür ki le vait.

Li porters, quant il le ad veü,
Mult le ad cum fol bricun tenu.
Il li ad dit : « Venez avant !
U avez vus demurré tant ? »

Li fols respunt : « As noces fui
Le abé del Munt, ki ben cunui :
Une habesse ad espusee,
Une grosse dame velee.
Il ne ad prestre ne abee
Moine ne clerc ordinee,
De Besençun deske al Munt,
De quel manere ke il sunt,
Ki ne serunt mandé as noces, [14 r. b]
E tuz i portent pels e croces.
En la lande, suz Bel Encumbre,
La sailent e jüent en le umbre.
Je me parti pur so ke dai
Al manger ui servir le rai. »

Li porter li ad respundu :
« Entrez, fis Urgan le Velu !

Personne au monde
ne pourrait le reconnaître
ni soupçonner qu'il est Tristan,
même en le regardant ou en l'écoutant bien.
Il arrache un bâton d'une haie
et se le passe à l'épaule.
Il se dirige tout droit vers le château.
À sa vue, tout le monde est saisi d'épouvante.

Le portier, dès qu'il le voit,
l'a pris pour un simple d'esprit :
« Approchez, lui dit-il,
où étiez-vous passé depuis tout ce temps ? »

Le fou lui répond : « Je suis allé aux noces
de l'abbé du Mont[1], je le connais bien.
Il a épousé une abbesse,
une grosse dame voilée.
Il n'est prêtre ni abbé,
moine ni clerc ordonné,
de Besançon jusqu'au Mont,
religieux de toute condition,
qui n'aura été invité aux noces,
et tous y viennent avec bâtons et crosses.
Sur la lande, vers Bellencombre[2],
ils sautent et jouent dans l'ombre.
Je les ai quittés parce que je dois,
aujourd'hui, servir le roi à table. »

Le portier lui a répondu :
« Entrez, fils d'Urgan le Velu[3] !

Granz e velu estes assez :
Urgan en so ben resemblez. »
Li fol entre enz par le wiket.
Encuntre lui current li valet,
Le escrïent cum hom fet lu :
« Veez le fol ! Hu ! hu ! hu ! hu ! »
Li valet e li esquier
De buis le cuilent arocher.
Par la curt le vunt cunvaiant
Li fol valet ki vunt swiant.
Il lur tresturne mult suvent ;
Estes k'il i gacte a talent.
Si nus l'asalt devers le destre,
Il turne e fert devers senestre.
Vers l'us de la sale apruchat.
Le pel el col, dedenz entrat.

Senes s'en aparçout li rais,
La u il sist al mestre dais.
Il dit : « Ore vai un bon sergant,
Fetes le mai venir avant ! »
Plusurs sailent, cuntre lui vunt,
En sa guisse saluét le unt,
Puis si amenerent le fol
Devant le rai, le pel el col.
Marces dit : « Ben vengez amis !
Dunt estes vus ? Ke avés si quis ? »

Li fols respunt : « Ben vus dirrai
Dunt sui e ke je si quis ai.

Grand et velu comme vous êtes,
vous ressemblez bien à Urgan[1]. »
Le fou entre dans le château par le guichet.
Des jeunes gens accourent vers lui,
et le huent comme s'il était un loup[2] :
« Voyez le fou ! Hou ! Hou ! Hou ! Hou ! »
Jeunes gens et écuyers
se mettent à lui jeter de la boue[3].
À travers la cour, les jeunes sots
l'escortent et le harcèlent.
Il se retourne plusieurs fois, menaçant.
Voilà qu'il assène des coups avec ardeur[4] !
L'assaille-t-on sur la droite
qu'il fait volte-face et frappe sur sa gauche.
Il se dirige vers l'entrée de la grande salle.
Le bâton sur l'épaule, il entre.

Le roi, assis à la table d'honneur,
l'aperçoit aussitôt :
« Voici un bon sergent d'armes,
amenez-le-moi ! »
Plusieurs se lèvent d'un bond, et se précipitent à sa rencontre.
On le salue au nom du roi,
puis il est amené,
le bâton sur l'épaule, devant lui.
Marc dit : « Soyez le bienvenu, ami !
D'où venez-vous ? Que venez-vous faire ici ? »

Le fou répond : « Je vous dirai volontiers
d'où je viens et ce que je viens faire ici.

Ma mere fu une baleine,
En mer hantat cume sereine,
Mes je ne sai u je nasqui.
Mult sai ben ki me nurri : [14 v. a]
Une grant tigre me alettat
En une roche u ele me truvat.
Ele me truvat suz un perun,
Quidat ke fusse sun foün,
Si me nurri de sa mamele.
Mais une sor ai je mult bel :
Cele vus durai, si volez,
Pur Ysolt, ki tant amez. »
Li rais s'en rit e puis respunt :
« Ke dit la merveile del mund ?
— Reis, je vus durai ma sorur
Pur Ysolt, ki aim par amur.
Fesum bargaine, fesum change :
Bon est a asaer estrange ;
De Ysolt estes tut ennüez,
A un autre acuintez !
Baillez moy Ysolt, jo la prendrai.
Reis, pur amur vus servirai. »

Li reis le entant e si s'en rit.
E dit al fol : « Si Deu te aït,
Si jo te doinse la raïne
Aver e mener en ta saisine,
Ore me di ke tu en fereis,
U en quel part la meraies ?
— Reis, fet li fol, la sus en le air

Ma mère était une baleine ;
elle vivait dans la mer comme une sirène,
mais j'ignore où je suis né.
Je sais bien pourtant qui m'a élevé :
une grande tigresse m'a allaité
dans la caverne où elle m'a découvert.
Elle m'a trouvé sur une grosse pierre,
et, croyant que j'étais son petit,
elle m'a nourri de sa mamelle[1].
Mais j'ai aussi une sœur, très belle.
Je vous la donnerai, si vous voulez,
en échange d'Yseut que vous aimez tant. »
Le roi éclata de rire et répliqua :
« Que dit cette merveille du monde ?
— Roi, je vais vous donner ma sœur
en échange d'Yseut que j'aime passionnément.
Passons un marché, faisons un échange :
il est bon de goûter à la nouveauté.
Vous êtes fatigué d'Yseut.
Faites la connaissance d'une autre femme.
Donnez-moi Yseut, je la prendrai,
roi, et je vous servirai avec reconnaissance. »

À ces mots, le roi se prit à rire
et demanda au fou : « Sur ton âme,
si je t'accordais d'avoir la reine
en ta possession et de l'emmener,
dis-moi donc ce que tu ferais d'elle,
ou[2] dans quel lieu tu l'emmènerais ?
— Roi, fait le fou, là-haut dans les airs,

Ai une sale u je repair.
De veire est faite, bele e grant ;
Li solail vait par mi raiant. 304
En le air est e par nuez pent,
Ne berce ne crolle pur vent.
Delez la sale ad une chambre,
Faite de cristal e de lambre. 308
Li solail, quant par matin lefrat,
Lenz mult grant clarté rendrat. »

Li reis e li autre s'en rïent,
Entreparolent e dïent : 312
« Cist est bon fol, mult par dit ben ;
Ben parole sur tute ren.
— Reis, fet li fols, mult aim Ysolt :
Pur lu mis quers se pleint e dolt. 316 [14 v. b]
Jo sui Trantris ki tant le amai
E amerai tant cum viverai. »

Isolt le entent, del quer suspire,
Vers le fol ad curuz e ire : 320
« Ki vus fist entrer cenz ?
Fol, tu n'es pas Trantris, tu menz. »
Li fols vers Ysolt plus entent
Ke il ne fesait vers le autre gent. 324
Ben aparceit ke ele ad irrur,
Kar el vis mue la culur.

je possède un palais où j'habite.
Vaste et splendide, il est tout en verre.
Le soleil le traverse de ses rayons. 304
Il flotte dans l'air, suspendu dans les nuées,
et pas un souffle de vent ne le berce ni ne l'ébranle.
À côté de la grande salle, il y a une chambre
faite de cristal et de lambris. 308
Quand au matin se lèvera le soleil,
il l'illuminera d'une radieuse clarté[1]. »

Le roi et les courtisans éclatent de rire.
Ils en discutent entre eux et disent : 312
« Voilà un bon fou, il a de bons mots ;
il s'exprime le mieux du monde. »
« Roi, fait le fou, je suis très épris d'Yseut.
Pour elle, mon cœur gémit et souffre. 316
C'est moi Tantris[2] qui l'ai tant aimée
et qui l'aimerai toute ma vie. »

À ces mots, Yseut soupire du fond du cœur.
Le fou la bouleverse et l'exaspère : 320
« Qui vous a permis d'entrer ici ? lui demande-t-elle.
Fou, tu n'es pas Tantris, tu mens. »
Le fou est plus attentif à Yseut
qu'au reste de l'assistance. 324
Il voit bien qu'elle est bouleversée,
car son visage a blêmi.

Puis dit aprés : « Raïne Ysolt,
Trantris sui, ki amer vus solt.
Membrer vus dait quant fui nauvrez,
— Maint hom le saveit assez —
Quant me cumbati al Morhout,
Ki vostre treü aver volt.
A tel hoür me cumbati
Ke je le ocis, pas nel ni.
Malement i fu je navrés,
Kar li bran fu envenimés.
L'os de la hanche me entamat
E li fors venim eschauffat,
En le os s'erst, nercir le fist,
E tel dolur puis i assist
Ki ne pout par mire guarir.
Si quidai ben murir.
En mer me mis, la voil murir
Tant par m'ennuat le languir.
Li venz levat turment grant,
E chaçat ma nef en Irlant.
Al païs m'estut ariver
Ke jo deveie plus duter,
Kar je avei ocis le Morholt :
Vostre uncle fu, raïne Ysolt,
Pur ço dutai mult le païs.

Alors il poursuit en ces termes : « Reine
Yseut,
je suis Tantris, qui vous aime avec fidélité. 328
Souvenez-vous ! J'ai été blessé
— bien des gens le savent —
lors du combat contre le Morholt
qui voulait prélever votre tribut. 332
Par chance, je l'ai vaincu au combat,
je l'ai tué, je le reconnais.
Mais j'ai été alors grièvement blessé
car son épée était empoisonnée. 336
Il m'a entaillé l'os de la hanche
et le puissant venin s'est échauffé,
a attaqué l'os et l'a fait pourrir,
provoquant alors une telle souffrance 340
qu'aucun médecin ne pouvait la soulager.
J'ai bien cru mourir[1].
J'ai pris la mer, dans l'intention d'y mourir,
tant les souffrances de l'agonie m'étaient
insupportables. 344
Le vent a déchaîné une violente tempête
et chassé mon navire vers l'Irlande.
Il m'a fallu accoster dans ce pays
que j'avais le plus à redouter 348
car j'avais tué le Morholt :
il était votre oncle, reine Yseut ;
c'est pourquoi mes craintes étaient grandes
en arrivant dans ce pays.

Mais jo fu naufrez e chitifs.
Od ma harpe me delitoie,
Je n'oi cunfort ke tant amoie.
Ben tost en oïst parler [15 r. a]
Ke mult savoie ben harper.
Je fu sempres a curt mandez,
Tut issi cum ere navrez.
La raïne la me guari
De ma plaie, sue merci.
Bons lais de harpe vus apris,
Lais bretuns de nostre païs.
Menbrer vus dait, dame raïne,
Cum je guarri par la meschine.
Iloc me numai je Trantris.
Ne sui je ço ? Ke vus est vis ? »

Isolt respunt : « Par certes, nun !
Kar cil est beus e gentils hum,
E tu es gros, hidus e laiz,
Ke pur Trantris numer te faitz.
Ore te tol, ne huez mes sur mei !
Ne pris mie tes gas ne tei. »
Li fols se turne a cest mot,
Si se fet ben tenir pur sot.
Il fert ces ke il trove en sa vei,
Del deis a l'us les cumvei,

De plus j'étais blessé et sans forces.
Avec ma harpe, j'essayais de me distraire,
mais la musique que j'aimais tant ne m'apportait aucun réconfort.
Bientôt vous avez entendu dire
que je savais très bien jouer de la harpe.
On m'a fait venir aussitôt à la cour
où je suis allé malgré mes blessures.
Là, la reine a guéri
ma plaie — qu'elle en soit remerciée.
Je vous ai appris de beaux lais qu'on joue à la harpe,
des lais bretons de notre pays[1].
Souvenez-vous, dame reine,
comment j'ai été guéri grâce à un baume[2].
À la cour je me suis fait appeler Tantris :
n'est-ce donc pas moi ? Qu'en pensez-vous ? »

Yseut répond : « Tu ne l'es certainement pas !
Car Tantris est beau et il a de nobles manières,
et toi qui te fais passer pour lui,
tu es gros, hideux et difforme.
Tais-toi donc, ne me crie plus dans les oreilles !
Ni tes plaisanteries ni ta personne ne sont de mon goût. »
À ces mots, le fou se retourne
et tient à merveille son rôle de sot.
Il frappe tous ceux qu'il trouve à sa portée,
et, les chassant de la table royale, il les pousse vers la porte

Puis lur escrie : « Foles genz,
Tolez, issez puis de cenz !
Lassez moi e Ysolt cunsiler :
Je la sui venu douneier. »
Li reis s'en rit, kar mult li plest ;
Ysolt ruvist e si se test.

E li reis s'en aparceit ben.
Al fol ad dit : « Musart, ça ven !
N'est la raïne Ysolt ta amie ?
— Oïl, par fai ! Je nel ni mie. »

Isolt respunt : « Certes, tu menz !
Metez le fol hors de cenz ! »
Li fol respunt tut en riant
E dit a Ysolt sun semblant :
« Ne vus menbre, raïne Ysolt,
Quant li reis envaer me volt,
Cum si fist ? Il me envaiat
Pur vus, ke il ore esspusé ad. [15 r. b]
Je i alai cum marchant,
Ki aventure alai querant.
Mult ere haï al païs,
Kar le Morholt avei ocis.
Pur ço alai cum marchant,
Si fis de ço cointisse grant.
Quere vus dui a l'os le rei,
Vostre sennur, ke je ci vei,
Ki el païs n'ert nent cheriz,
E je i fu durement haïs.
Mais je ere chevaler mervilus,
Mult enpernant e curajus :

en leur criant : « Maudits fous,
disparaissez, sortez d'ici !
Laissez-moi seul à seule avec Yseut :
je suis venu la prier d'amour. » 380
Le roi s'esclaffe, car la scène l'amuse beaucoup ;
Yseut rougit et reste silencieuse.

Le roi s'aperçoit bien de son trouble.
Il dit au fou : « Imbécile ! viens ici ! 384
La reine Yseut n'est-elle pas ton amie ?
— Oui, par ma foi ! Je ne le nie pas. »

Yseut s'exclame : « C'est faux, tu mens !
Mettez ce fou dehors ! » 388
Le fou répond en riant,
et dit à Yseut ce qui lui semble bon :
« Ne vous souvenez-vous pas, reine Yseut,
de la mission dont le roi m'a chargé ? 392
du stratagème dont il a usé ? Il m'a envoyé
vous chercher pour vous épouser.
J'y suis allé déguisé en marchand
qui cherche l'aventure. 396
On me haïssait dans votre pays,
car j'avais tué le Morholt.
J'y suis donc allé déguisé en marchand
et cela a été une très sage précaution. 400
Je devais vous ramener pour le roi,
votre époux ici présent,
alors qu'on ne l'aimait guère dans le pays
et que moi-même j'y étais violemment haï. 404
Mais j'étais un merveilleux chevalier,
plein d'audace et de courage :

Ne dutai par mun cors nul home
Ki fust d'Escoce treske a Rume. »

Isolt respunt : « Ore oi bon cunte.
A chevalers feites vus hunte,
Kar vus estes un fol naïf.
Co est dol ke tant estes vif.
Tol tei de ci, si Deu te aït ! »
Li fols l'entent, si se en rit.

Dunc dit aprés si faitement :
« Raïne dame, del serpent
Menbrer vus dait ke je le ocis
Quant jo vinc en vostre païs.
La teste, la severai del cors,
La lange trenchai e pris hors ;
Dedenz ma chauce le botai
E del venim si eschaufai,
Ben quidai estre morz en fin ;
Paumés me jeu lez le chemin.
Vostre mere e vus me vistes
E de la mort me guaristes.
Par grant meschine e par engin
Me garistes del venim.

Del bain vus menbre u enz jo sis ?
Iloc me avïez pres ocis.

je ne redoutais aucun chevalier
de l'Écosse jusqu'à Rome[1]. » 408

Yseut répond : « Voilà une bien belle histoire !
Tu fais honte aux chevaliers,
car tu es un simple d'esprit.
Quel malheur que tu sois en vie ! 412
Va-t'en d'ici ! si tu tiens au salut de ton âme ! »
En entendant ces propos, le fou se met à rire.

Il poursuit alors en ces termes :
« Dame reine, du dragon 416
vous devez bien vous souvenir que je l'ai tué,
lorsque je vins dans votre pays.
Après lui avoir coupé la tête[2],
j'ai tranché sa langue et l'ai emportée. 420
Je l'ai fourrée dans ma chausse,
mais le venin m'a brûlé
au point que j'ai cru ma dernière heure venue.
Je suis resté étendu, sans connaissance,
sur le bord du chemin. 424
Mais votre mère et vous-même m'avez aperçu
et sauvé de la mort.
Grâce à de puissants remèdes et à votre habileté,
vous m'avez guéri du poison. 428

Et du bain où j'étais plongé, vous en souvient-il ?
Là, vous avez bien failli me tuer.

Merveile grant volïez faire,
Quant alastes me espeie traire ;
E quant vus le avïez sachee, [15 v. a]
Si la trovastes oschee,
Dunc pensastes, e ço a dreit,
Ke Morholt ocis en esteit.
Tost purpensastes grant engin,
Si defermastes vostre escrin,
La pece dedenz truvastes
Ke del test al Morholt ostastes.
La pece junsistes al brant :
Cele se joinst demaintenant.
Mult par fustes granment osee,
Quant enz el bain od ma espee
Me volïez sempres ocire !
Mult par est femme de grant ire !
La raïne en vint al cri,
Kar ele vus aveit ben oï.
Ben savez ke je me acordai,
Kar suvent merci vus criai,
E je vus deveie defendre
Vers celui ki vus voleit prendre.
Vus nel prendrïez en nul fuur,
Kar il vus ert encuntre quor.
Ysolt, jo vus en defendi.
N'est vair iço ke vus di ?

Vous avez voulu accomplir cet exploit,
après avoir dégainé mon épée. 432
Quand vous l'avez tirée du fourreau,
vous avez remarqué qu'elle était ébréchée.
Alors vous en avez déduit, avec raison,
que le Morholt avait péri par cette arme. 436
Aussitôt, vous avez eu la présence d'esprit
d'ouvrir votre coffre
pour y chercher la pièce de métal
que vous aviez ôtée du crâne du Morholt. 440
Vous avez ajusté cet éclat à la lame :
il s'y est adapté immédiatement.
Comme vous avez fait preuve d'une grande témérité,
en vous précipitant, mon épée à la main, 444
pour me tuer dans mon bain !
Comme est redoutable la fureur d'une femme[1] !
La reine survint en entendant pousser un cri
car elle avait reconnu votre voix. 448
Vous savez bien que je suis parvenu à nous réconcilier,
à force d'implorer votre pitié,
et en promettant de vous défendre
contre un prétendant qui voulait vous épouser[2]. 452
Vous ne vouliez de lui à aucun prix
car il vous répugnait.
Yseut, je vous ai défendue contre lui.
N'est-ce pas vrai ce que je vous dis ? 456

— N'est pas vair, einz est mensunge,
Mais vus recuntez vostre sunge.
Anuit fustes ivre al cucher
E le ivrez vus fist sunger.
— Vers est, de itel baivre sui ivre
Dunt je ne quid estre delivre.

Ne menbre vus quant vostre pere
Me baillat vus, e vostre mere ?
En la nef nus mistrent en mer :
Al rai ici vus dui mener.
Quant en haute mer nus meïmes,
Ben vus dirrai quai nus feïmes.
Li jur fu beus e fesait chaut,
E nus fumes ben en haut.
Pur la chalur eüstes sei ;
Ne vus menbre, fille de rai ? [15 v. b]
De un hanap bumes andui :
Vus en beüstes e je en bui.
Ivre ai esté tut tens puis,
Mais mal ivrez mult i truis. »

Quant Ysolt ço entent e ot,
En sun mantel sun chef enclot.
Volt s'en aler e leve sus.
Li rais la prent, si le aset jus.

— Non, ce n'est pas vrai, c'est un pur mensonge[1].
Vous racontez votre songe.
Hier soir, vous étiez ivre quand vous vous êtes couché,
et l'ivresse vous a fait rêver. 460
— C'est vrai, un breuvage m'a enivré
et je suis pour toujours sous son empire,
je le crains.

Ne vous souvenez-vous pas du jour
où votre père
et votre mère vous ont confiée à moi ? 464
Ils vous ont conduite jusqu'au navire qui a pris la mer,
car je devais vous amener ici chez le roi.
Lorsque nous avons atteint la haute mer,
je vais vous dire ce que nous avons fait. 468
C'était une belle journée, il faisait chaud
et nous étions bien sur le pont[2].
La chaleur vous a donné soif ;
ne vous en souvenez-vous pas, fille de roi ? 472
Nous avons bu tous deux dans un même hanap.
Vous avez bu de ce breuvage et moi aussi.
Depuis cet instant, je n'ai cessé d'être ivre,
mais c'est une bien mauvaise ivresse. » 476

Quand Yseut entend ces mots,
elle enfouit sa tête sous son manteau[3].
Elle veut s'en aller et se lève.
Le roi la retient et la fait se rasseoir. 480

Par le mantel hermin le ad prise
Si le ad dejuste lui resise :
« Sufrez un poi, Ysolt amie,
Si parorum ceste folie.
Fol, fet li reis, ore voil oïr
De quel mester tu sez servir. »

Li fols a Marces respundi :
« Reis e cuntes ai servi.
— Sez tu de chens ? Sez tu de oisels ?
— Oïl, fet il, jo oi des bels. »
Li fols li dit : « Reis, quant me plest
Chacer en bois u en forest,
Od mes levrés prendrai les grues
Ki volent lasus par ces nues ;
Od limers les cingnes preng,
Owes blanches, bises, de reng.
Quant vois od mun berseret hors,
Malarz preng, plunjuns, butors. »
Marces del fol bonement rit,
Si funt li grant e li petit.
Pus dit al fol : « Amis, beu frere,
Ke sez tu prendre en la rivere ? »

Li fols respunt, a rire a pris :
« Tut preng quanques i truis,

Il l'a saisie par son manteau d'hermine
et l'invite à reprendre place à ses côtés :
« Un moment, chère Yseut,
nous écouterons jusqu'au bout cette folie.
Fou, dit le roi, à présent dis-moi
ce que tu sais faire. »

Le fou répond à Marc :
« J'ai servi des rois et des comtes.
— T'y connais-tu en chiens ? en oiseaux[1] ?
— Oui, fait-il, j'en ai eu de beaux.
Roi, ajoute le fou, quand j'ai envie
de chasser dans les bois ou les forêts,
avec mes lévriers, je vais capturer les grues
qui volent tout là-haut, à travers les nues.
Avec des limiers, je capture des cygnes
et aussi des oies blanches et grises en troupeau[2].
Quand je sors avec mon chien de chasse[3],
j'attrape canards sauvages, plongeons et butors[4]. »
Marc rit de bon cœur des propos du fou,
ainsi que toute la compagnie, du plus grand au plus petit[5].
Le roi lui demande ensuite : « Ami, mon frère,
que sais-tu prendre, quand tu chasses le gibier d'eau ? »

Le fou répond dans un rire :
« Je prends tout ce que je trouve.

Kar je prendrai od mes osturs
Les lus de bois e les granz urs ;
Les senglers preng de mes girfaus,
Ja ne les guarde ne muns ne vaus.
De mes pitiz faucuns hauteins
Prendrai les chevrés e les daims ;
De esparver prendrai le gupil [16 r. a]
Ke est devers la ke gentil ;
De esmerelun preng le levre,
De hobel le kat e le bevre.
Quant veng arere a mun ostel,
Dunc sai ben eskermir de pel ;
Nul ne se cuvrerat tant ben
Ke il ne ait aukes del men.
Ben sai partir les tisuns
Entre esquiers e garsuns.
Ben sai tenprer harpe e rote
E chanter aprés a la note.
Riche raïne sai amer:
Si n'at sus cel amand mun per.
Od cultel sai doler colpels,
Jeter les puis par ces rusels.
Reis, ne sui je bon menestrel ?
Ui vus ai servi de mun pel. »
Puis fert del pel envirun sei.
« Tolez, fet il, de sur le rei !
A voz ostels tost en alez !
N'avez mangé ? ke demurrez ? »

Je capturerai avec mes autours[1]
les loups des bois et les grands ours ;
les sangliers, je les prends avec mes gerfauts,
et ni monts ni vaux ne les préservent.
Avec mes petits faucons de haut vol,
je chasserai les chevreuils et les daims,
et avec l'épervier, le renard
dont la queue fait la noblesse[2] !
Avec l'émerillon, je capture le lièvre,
et avec le hobereau, le chat sauvage et le castor[3].
De retour chez moi,
je sais bien me battre au bâton ;
nul ne parviendra à se protéger assez
pour ne pas en recevoir une petite volée.
J'ai l'art d'administrer les coups de gourdin[4]
aux écuyers comme aux valets.
Je sais bien accorder la harpe et la rote[5],
et chanter ensuite sur la mélodie.
J'aime avec ferveur une puissante reine :
il n'y a pas au monde d'amoureux qui me vaille.
Je sais tailler les copeaux au couteau
pour les jeter ensuite dans les ruisseaux[6].
Roi, ne suis-je pas un bon ménestrel ?
Aujourd'hui vous avez été servi avec mon bâton. »
Il frappe alors de son gourdin autour de lui.
« Laissez le roi tranquille, s'écrie-t-il !
Retournez vite chez vous !
N'avez-vous pas mangé ? Pourquoi restez-vous ? »

Li reis s'en rit a chascun mot,
Mult od bon deduit del sot ;
Puis cummande a une esquier
K'il li amenet sun destrer.
Dit k'il aler dedure volt,
Cum a custume faire solt.
Cil chevaler se vunt od lui
E li esquier hors, pur l'ennui.

« Sire, merci, ço dit Ysolt,
Malade sui, le chef me dolt.
En ma chambre irrai reposer,
Ne puis ceste noise escuter. »
Li reis atant aler le lait ;
Cele salt sus, si s'en vait.
En sa chambre vent mult pensive,
Dolente se claime e chaitive.
A sun lit vent, desus se sist ;
Mult fu li dol grant ke ele fist. [16 r. b]

« Lasse, fait ele, pur quei nasqui ?
Mult ai le quer gref e marri.
Brengain, fait ele, bele sor,
Certes, a poi ne me mor ;
E melz me serait fusse jo mort,
Tant ma vie est dure e fort.
Quanque je vai, tut m'est cuntraire.
Certes, Brengain, ne sai quai faire,
Kar laenz est un fol venuz
Ki mult est haut en croiz tunduz.

Le roi s'esclaffe à chaque mot,
car il s'amuse bien des reparties du fou.
Puis il ordonne à un écuyer
de lui amener son destrier.
Il veut sortir pour se distraire,
comme il en a l'habitude.
Les chevaliers l'accompagnent,
ainsi que les écuyers, à contrecœur.

« Seigneur, pitié, dit Yseut.
Je ne me sens pas bien, j'ai mal à la tête.
Je vais aller me reposer dans ma chambre.
Je ne puis supporter ce vacarme. »
Le roi la laisse alors partir ;
elle se lève d'un bond et se retire.
Pleine de tristesse, elle regagne sa chambre.
Elle se lamente sur son misérable sort.
Elle va vers son lit, s'assied dessus
et laisse éclater sa douleur.

« Hélas ! se lamente-t-elle, à quoi bon vivre ?
J'ai le cœur bouleversé et brisé.
Brangien, dit-elle, chère sœur,
c'est sûr, la vie m'abandonne.
J'aimerais mieux être morte,
tant ma vie est pénible et cruelle.
Tout ce que je vois, tout m'est contraire.
Vraiment, Brangien, je ne sais que faire,
car un fou est arrivé au palais.
Il porte une tonsure en croix sur le crâne.

A male ure i vint il hui,
Kar mult me ad fait grant ennui.
Certes, cist fol, cist jugleres,
Il est divins u enchanteres,
Kar il set mun estre e ma vie,
De chef en chef, ma dulce amie.
Certes, Brengain, mult me merveil
Ki li descufri mun cunseil,
Kar nus nel sout fors je e vus,
E Tristran, le cunseil de nus.
Mais cist tafur, men escïent,
Le set tut par enchantement.
Unques nul hom plus veir ne dist,
Kar unques de un mot ne mesprist. »

Brengain respunt : « Je pens pur droit
K'iço Tristran meïmes soit.
— Nu l'est, Brengain, kar cist est laiz,
Hidus e mult cunterfait,
E Tristran est tant aliniez,
Bels hom, ben fait, mult ensenez,
Ne serroit truvez en nul païs
Nul chevaler de greniur pris.
Pur ço ne crerai je uwan
K'iço sait mun ami Tristran.

C'est pour mon malheur qu'il est arrivé aujourd'hui,
car il m'a mise dans un cruel embarras.
Certes, ce fou, ce jongleur,
c'est un devin ou un enchanteur,
car il connaît tout de mon cœur et de ma vie,
de bout en bout, ma douce amie.
Vraiment, Brangien, je me demande avec étonnement
qui lui a découvert mon secret,
car personne ne connaît notre amour caché,
sinon vous et moi, et Tristan.
Mais ce vaurien, à mon avis,
a tout appris par enchantement.
Jamais personne n'a dit vérité plus exacte,
car tout était vrai dans le moindre détail. »

Brangien répond : « J'ai de bonnes raisons de penser
que ce fou soit Tristan en personne.
— Non, ce n'est pas lui, Brangien, car cet homme est laid,
repoussant et contrefait,
alors que Tristan est si élancé,
si bel homme, si bien fait, si élégant dans ses manières
qu'on ne saurait trouver nulle part
un chevalier de plus grand mérite.
Pour cette raison, je ne suis pas près de croire
que ce fou soit mon ami Tristan.

Mais cist fol soit de Deu maldit !
Malete soit le ure ke il vit,
E cele nef maldite sait
En ki li fol en vint sa endreit !
Dol fu ke il ne neat en le unde [16 v. a]
La hors en cele mer parfunde !

— Taisez, dame, dit Brengain,
Mult estes ore de male maine.
U apreïstes tel mester ?
Mult savez ben escumiger.
— Brengain, kar m'ad fet dever.
N'oïstes home si parler.
— Dame, je quid, par sen Johan,
Ke il seit le messager Tristran.

— Certes, ne sai, nel cunus mie ;
Mes alez i, mai bele amie,
Parler od li, si vus pöez,
Saveir si vus le cunustrez. »

Brengain salt sus — curteisse esteit,
E vint en la sale tut dreit.
Mes ele n'i trovat serf ne franc,
Fors le fol seant sur un banc.
Li autre en sunt tuz alé
A lur ostels par la cité.

Que Dieu le maudisse plutôt !
Maudite soit l'heure de sa naissance,
et maudit ce navire
qui l'a apporté ici !
Quel malheur qu'il ne se soit pas noyé
dans les flots
Au beau milieu de la mer profonde !

— Taisez-vous, dame, s'exclame Brangien.
Quelle méchanceté soudaine[1] !
Où avez-vous appris à vous conduire ainsi ?
Vous maudissez aisément les gens !
— Brangien, c'est lui qui m'a fait perdre la raison.
Vous n'avez pas subi de tels propos.
— Dame, je crois, par saint Jean,
qu'il s'agit du messager de Tristan.

— Certes, je n'en sais rien, je ne l'ai pas reconnu ;
mais allez le voir, ma chère amie,
et parlez-lui si possible.
Peut-être le reconnaîtrez-vous ainsi. »

Pleine de courtoisie, Brangien se lève aussitôt
et va droit dans la grande salle
où elle ne trouve ni serf ni homme libre,
si ce n'est le fou, assis sur un banc.
Tout le monde est rentré
chez soi, en ville.

Brengain le vait, de luin estut,
E Tristran mult ben la cunuit.
Le pel jeta lores de sa main
E puis dit : « Ben vengez, Brengain !
Franche Brengain, pur Deu vus pri
Ke vus de mai aez merci. »

Brengain respunt : « E je de quai
Volez ke aie merci de tei ?
— E ! Cheles ! Ja sui je Tristran
Ki en tristur vif e en haan.
Je sui Tristran, ki tant se dolt
Pur la amur la raïne Ysolt. »
Brengain li dit : « Nu l'estes veir,
Si cum jo quid, al men espeir.
— Certes, Brengain, veirs je le sui :
Tristran oi nun quant ça me mui.
Je sui Tristran, verrement.
Brengain, ne vus menbre cument
Ensemble partimes de Irlande,
Cume vus oi en ma cumande [16 v. b]
E vus e la raïne Ysolt
Ke ore cunustre ne me volt ?
La raïne, quant a mei vint
E par la destre main vus tint,
Si me baillat vus par la main.
Menbrer vus dait, bele Brengain !
Ysolt e vus me cumandat,
Mult me requist, bel me priat

Dès qu'elle le voit, Brangien s'arrête sans s'approcher.
Tristan l'a bien reconnue.
Il lâche alors son bâton
et dit : « Soyez la bienvenue, Brangien !
Noble Brangien, pour l'amour de Dieu,
je vous prie d'avoir pitié de moi. »

Brangien répond : « Et pourquoi donc
voulez-vous que j'aie pitié de vous ?
— Eh, Croyez-moi ! C'est bien moi Tristan
qui vis dans la tristesse et la souffrance.
C'est moi Tristan qui se désespère
pour l'amour de la reine Yseut. »
Brangien lui réplique : « Non, vous n'êtes pas Tristan,
j'en suis bien convaincue.
— Si, Brangien, c'est vraiment moi Tristan.
Tel était mon nom, lorsque je me suis mis en route.
C'est moi Tristan, sans mentir.
Brangien, ne vous souvenez-vous pas
de notre départ d'Irlande ?
N'étiez-vous pas sous ma protection,
vous et la reine Yseut
qui ne veut pas me reconnaître maintenant ?
La reine[1], en venant à ma rencontre,
vous tenait par la main droite,
et elle vous recommanda à moi en me donnant votre main. Vous devez bien vous en souvenir, belle Brangien !
Elle vous a confiée à moi, ainsi qu'Yseut,
et m'a prié, m'a supplié instamment

Ke en ma guarde vus receüsse,
Guardasse al melz ke je pusse.
Lores vus baillat un costeret,
N'ert gueres grant, mes petitet ;
Dist ke vus ben le guardissez,
Cum s'amur aver volïez.
Quant venimes en haute mer,
Li tans se prist a eschaufer.
Je avei vestu un blïalt,
Tressué fu, si oi chault ;
Je oi sai, a baivre demandai.
Ben savez si vairs vus dit ai.
Un valet ki a mes pez sist
Levat e le costerel prist.
En un hanap de argent versat
La baivre ke il denz trovat,
Puis me assist le hanap al poing
E je en bui a cel bosuing.
La maité ofri a Ysolt
Ki sai aveit e baivre volt.
Cel baivre, bele, mar le bui,
E je unques mar vus cunui.
Bele, ne vus menbre il ? »
Brengain respunt : « Par fai, nenil.

— Brengain, des puis k'amai Ysolt
A nul autre dire nel volt.
Vus le soüstes e oïstes,
E vus l'uveraine cunsentistes.

de veiller sur vous,
et de vous protéger le mieux possible.
Puis elle vous a remis un barillet
qui n'était pas bien gros, et même tout petit. 640
Elle vous a demandé d'en prendre bien soin,
si vous vouliez garder son affection.
Lorsque nous sommes arrivés en haute mer,
il s'est mis à faire chaud. 644
J'avais mis un bliaut,
j'étais en sueur, j'avais chaud ;
j'ai eu soif et j'ai demandé à boire.
Vous savez bien que je dis la vérité. 648
Un serviteur qui était assis à mes pieds
s'est levé et a pris le barillet.
Dans un hanap d'argent, il a versé
le breuvage qu'il contenait, 652
puis il m'a tendu le hanap
et j'en ai bu pour me désaltérer[1].
J'en ai offert la moitié à Yseut
qui avait soif aussi et désirait boire. 656
Ce breuvage, belle, le malheur a voulu que
je le boive,
et votre rencontre m'a été bien funeste !
Belle, ne vous en souvenez-vous pas ? »
Brangien répond : « Ma foi, vraiment non ! 660

— Brangien, depuis que j'aime Yseut,
elle n'a voulu le révéler à personne d'autre
que vous.
Vous étiez dans la confidence
et vous avez été complice. 664

Ço ne sout nul ki fust el mund
Fors nus treis, de tuz çous ki sunt. »
Brengain entent ke cil cuntat ; [17 r. a]
Sun pas vers la chambre en alat.
Cil salt sus, si la parsiwi,
Mult par lu vait criant merci.
Brengain est venu a Ysolt,
Si li surrist, cum faire solt.
Ysolt culur muad e teinst
E sempres malade se feinst.
La chambre fu sempres voidé,
Kar la raïne ert deshaité.

E Brengain pur Tristran alat,
En la chambre le menat.
Quant il vint enz e vit Ysolt,
Il vait vers lu, baiser la volt,
Mais ele se traite lores arere ;
Huntuse fu de grant manere,
Kar ele ne saveit quai fere dut,
E tressuat u ele estut.
Tristran vit ke ele l'eschivat.
Huntus fu, si se vergundat.
Si s'est un poi tret ensus,
Vers le parei, dejuste le us.

Puis dit aukes de sun voleir :
« Certes, unkes ne quidai ço veir
De vus, franche raïne,
Ne de Brengain, vostre meschine.

Personne au monde
à part nous trois ne connaît ce secret. »
Après avoir écouté tous ces propos,
Brangien s'en retourne vers la chambre.
D'un bond le fou se lève et la suit
en implorant sa pitié.
Brangien a rejoint Yseut
et lui adresse un sourire de connivence[1].
Le visage d'Yseut change, elle blêmit
et a vite fait de feindre un malaise.
Aussitôt tout le monde quitte la chambre,
car la reine est souffrante.

Alors Brangien va chercher Tristan
et l'introduit dans la chambre.
Lorsqu'il entre et voit Yseut,
il s'approche d'elle et veut l'embrasser,
mais elle a alors un mouvement de recul.
Elle éprouve une grande gêne
car elle ne sait que faire.
Elle se sent moite de sueur.
Tristan s'aperçoit qu'elle l'évite.
Il en est troublé et profondément mal à l'aise.
Il s'est un peu écarté
et se retire vers le mur, près de la porte.

Il lui ouvre alors timidement son cœur :
« Certes, jamais je n'aurais cru cela
de vous, Yseut, noble reine,
ni de Brangien, votre suivante.

Allas ! ki tant ai vesquu,
Quant je cest de vus ai veü
Ke vus en desdein me tenez
E pur si vil ore me avez !
En ki me purreie mes fier,
Quant Ysolt ne me deingne amer,
Quant Ysolt a si vil me tient
Ke ore de mai ne li suvent ?
Ohi ! Ysolt, ohi ! amie,
Hom ki ben aime tart ublie.
Mult valt funteine ki ben surt,
Dunt li reuz est bon e ben curt ;
E de l'ure ke ele secchist,
Ke ewe n'i surt ne ewe ne ist, [17 r. b]
Si ne fet gueres a praiser :
Ne fait amur, quant volt boiser. »

Isolt respunt : « Frere, ne sai.
Je vus esguard, si me esmai,
Kar je ne aparceif mie de vus
Ke seiez Tristran le Amerus. »
Tristran respunt: « Raïne Ysolt,
Je sui Tristran ke amer vus solt.

Ne vus menbre del seneschal ?
Vers le rei nus teneit mal.
Mis conpainz fu : en un ostel
Fumes, jumes par üel.
Par une nuit, quant me issi,

Hélas ! J'aurai donc vécu jusqu'à ce jour
pour vous voir ainsi
me dédaigner
et me repousser avec un tel mépris !
En qui pourrais-je me fier désormais,
si Yseut ne daigne pas m'aimer,
si Yseut me méprise au point
de ne plus se souvenir de moi ?
Ah ! Yseut ! Ah ! ma bien-aimée,
quand on aime sincèrement, on n'oublie pas
si vite[1].
Une source abondante,
au ruisseau clair et vif, est précieuse,
mais dès lors qu'elle tarit,
qu'aucune eau n'en sourd ni n'en jaillit,
elle perd tout son prix.
Ainsi en est-il de l'amour, quand il
s'apprête à trahir. »

Yseut répond : « Frère, je ne sais plus.
Je vous regarde et je me sens déconcertée,
car je ne distingue rien en vous
qui rappelle Tristan l'Amoureux[2]. »
Tristan répond : « Reine Yseut,
je suis Tristan, votre fidèle amant.

Ne vous souvenez-vous pas du sénéchal ?
Il dressait le roi contre nous.
Il était mon compagnon, nous vivions
sous le même toit
et partagions le même lit.
Une nuit que je suis sorti,

Il levat sus, si me siuvi.
Il out negez, si me trazat :
Al paliz vint, utre passat,
En vostre chambre nus guaitat,
E l'endemain vus encusat.
Ço fu li premer ki al rei
Nus encusat, si cum je crei.

Del naim vus redait ben menbrer
Ke vus solïez tant duter.
Il ne amad pas mun deduit ;
Entur nus fu e jur e nuit.
Mis i fu pur nus aguaiter
E servit de mult fol mester.
Senez fumes a une faiz.
Cum amans ki sunt destraiz
Purpensent de mainte veidise,
De engin, de art, de cuintise,
Cum il purunt entre assembler,
Parler, envaiser e jüer :
Si feïmes nus. Senez fumes,
En vostre chambre u sumes.
Mais li fol naims de pute orine
Entre noz liz pudrat farine,
Kar par tant quidat saver
Le amur de nus, si ço fust veir.
Mais je de ço m'en averti, [17 v. a]
A vostre lit joinz peez sailli.
Al sailer le braz me crevat

il s'est levé à ma suite.
Il avait neigé, et il a suivi mes traces :
il est arrivé à la palissade, l'a franchie,
nous a épiés dans votre chambre
et le lendemain vous a accusée.
Il a été le premier, je crois,
à nous dénoncer au roi[1].

Et du nain que vous aviez coutume
de tant redouter,
vous devez bien vous souvenir aussi.
Il n'aimait pas me voir prendre du plaisir ;
il rôdait autour de nous, nuit et jour.
Il était chargé de nous épier
et il s'est acquitté de sa mission avec
un zèle insensé.
Un jour, on nous a fait une saignée.
Comme les amants sans cesse tourmentés
qui inventent toutes sortes de mensonges,
de ruses, de stratagèmes et d'astuces
pour pouvoir se retrouver,
se parler, se divertir et prendre du plaisir,
ainsi agissions-nous. On nous a fait une saignée
dans votre chambre, où nous sommes.
Ce traître de nain, ce fils de putain,
a éparpillé de la farine entre nos lits,
car il pensait ainsi savoir
si l'amour entre nous était avéré.
Mais je m'en suis rendu compte.
J'ai sauté à pieds joints dans votre lit.
Lorsque j'ai sauté, mon bras s'est rouvert

E vostre lit ensenglentat ;
Arere saili ensement
E le men lit refis sanglant.

Li reis Marces i survint atant
E vostre lit truvat sanglant.
Al men en vint eneslepas
E si truvat sanglant mes dras.
Raïne, pùr vostre amité
Fu de la curt lores chascé.
Ne menbre vus, ma bele amie,
De un petit drüerie
Ke une faiz vus envaiai,
Un chenet ke vus purchaçai ?
E ço fu le Petit Cru,
Ke vus tant cher avez eü.
E suvenir vus dait ben
Amie Ysolt, de un ren :

Quant cil de Irland a la curt vint,
Li reis l'onurrat, cher le tint.
Harpëur fu, harper saveit ;
Ben savïez ke cil esteit.
Li reis vus dunat al harpeur :
Cil vus amenat par baldur,
Tresque a sa nef u dut entrer.
En bois fu, si le oï cunter.

et votre lit a été ensanglanté[1].
D'un bond, j'ai regagné mon lit de la même manière
et l'ai aussi taché de sang.

Soudain est arrivé le roi Marc
qui a trouvé du sang dans votre lit.
Il s'est précipité aussitôt vers le mien
et il a trouvé mes draps ensanglantés.
Reine, parce que je vous aimais,
j'ai été alors chassé de la cour.
Ne vous souvenez-vous pas, ma belle amie,
du petit gage d'amour
que je vous ai un jour envoyé,
de ce petit chien dont je vous ai fait présent ?
C'était le Petit-Crû
que vous aimiez tant[2].
Et vous devez aussi bien vous souvenir,
amie Yseut, d'une autre aventure.

Quand ce chevalier d'Irlande est arrivé à la cour,
le roi l'a accueilli avec des marques d'honneur et d'amitié.
Il était harpeur et jouait avec talent :
vous le connaissiez bien[3].
Le roi vous a accordée au harpeur
qui vous a emmenée, tout joyeux,
jusqu'à son navire où il allait embarquer.
J'étais à la chasse, mais la nouvelle est parvenue jusqu'à moi.

Une rote pris, vinc aprés
Sur mun destré le grant elez.
Cunquis vus out par harper
E je vus cunquis par roter.
Raïne, suvenir vus dait,
Quant li reis cungïé me aveit
E je ere mult anguisus,
Amie, de parler od vus
E quis engin, vinc el vergez
U suvent ermes enveisez.
Desus un pin en l'umbre sis,
De mun cnivet les cospels fis [17 v. b]
K'erent enseignes entre nus,
Quant me plaiseit venir a vus.
Une funteine iloc surdeit
Ki devers la chambre curreit.
En ewe jetai les cospels,
Aval les porta li rusels.
Quant veïez la doleüre,
Savïez ben a dreiture
Ke jo vendreie la nuit
Pur envaiser par mun deduit.

Li neims sempres s'en aparceut :
Al rei Marces cunter le curut.
Li rais vint la nuit el gardin
E si est munté el pin.
Jo vinc aprés, ke mot ne soi,
Mais si cum je oi esté un poi,

J'ai pris une rote et j'ai chevauché
à bride abattue jusqu'à vous.
Il vous avait conquise avec la harpe,
et moi, je vous ai reconquise avec la rote[1].
Reine, souvenez-vous,
le roi m'avait banni
et j'attendais avec anxiété,
amie, l'occasion de vous parler.
J'ai trouvé un moyen, je suis venu dans
le verger
où nous avons connu bien des joies.
Je me suis assis à l'ombre d'un pin.
Avec mon canif, j'ai taillé les copeaux
qui servaient de signal entre nous,
lorsque j'avais envie de vous voir[2].
Là, une source jaillissait
et courait vers votre chambre.
J'ai jeté les copeaux dans l'eau :
le ruisseau les a emportés dans son courant.
Quand vous voyiez ces copeaux,
vous saviez immédiatement
que je viendrais le soir même,
pour prendre mon plaisir avec vous.

Mais le nain s'en est aussitôt aperçu.
Il a couru rapporter l'affaire à Marc.
Le roi est venu, cette nuit-là, dans le jardin
et a grimpé dans le pin[3].
Je suis arrivé après lui, ignorant le danger,
mais au bout de quelques instants,

Si aparceu le umbre le roi
Ke seét el pin ultre moi.
De l'autre part venistes vus.
Certes je ere dunc poërus,
Kar je dutoie, ço sachez,
Ke vus trop vus hastisez.
Mais Deus nel volt, sue merci !
Le umbre veïstes ke je vi,
Si vus en traisistes arere,
E vus mustrai ma praiere :
Ke vus al rai me acordissez,
Si vus fare le puüssez,
U il mes guages aquitast
E del regne aler me lessast.
Pur tant fumes lores sauvez :
E al rei Marc fu acordez.

Isolt, menbre vus de la lai
Ke feïtes, bele, pur mai ?
Quant vus eisistes de la nef,
Entre mes bras vus tinc süef.
Je me ere ben desguisee,
Cum vus me avïez mandé.
Le chef tenei mult enbrunc ; [18 r. a]
Ben sai quai me deïstes dunc :
Ke od vus me laissasse chaïr.
Ysolt amie, n'est ço vair ?
Süef a la terre chaïstes

j'ai aperçu l'ombre du roi,
assis dans le pin, au-dessus de moi.
Vous êtes arrivée de l'autre côté.
Comme j'ai eu peur alors !
Je craignais, sachez-le,
une hâte fatale de votre part.
Mais telle n'était pas la volonté de Dieu, loué soit-il !
L'ombre que j'avais distinguée, vous l'avez vue à votre tour,
et vous êtes restée en arrière,
tandis que je vous implorais
de faire votre possible
pour me réconcilier avec le roi,
ou de le presser de me payer mes gages
et de me laisser quitter le royaume.
C'est ainsi que nous avons été sauvés
et que le roi Marc s'est réconcilié avec moi.

Yseut, ma belle, vous rappelez-vous le serment en justice
que vous avez prêté, par amour pour moi ?
Lorsque vous avez débarqué du navire,
je vous ai prise tendrement dans mes bras.
Je m'étais bien déguisé,
comme vous me l'aviez demandé.
Je gardai la tête baissée.
Je vous entends encore me dire alors
de me laisser tomber avec vous.
Yseut, amie, n'est-ce pas vrai ?
Vous êtes tombée doucement à terre

E voz quissettes me aüveristes
E m'i laissai chaïr dedenz,
E ço virent tuz les genz.
Par tant fustes, ce je le entent,
Ysolt, guari al jugement
Del serment e de la lai
Ke feïstes en la curt le rai. »
La raïne le entent e ot
E ben ad noté chescun mot.
Ele l'esguarde, del quer suspire,
Ne set sus cel ke puisse dire,
Kar Tristran ne semblout il pas
De vis, de semblanz ne de dras.
Mais a ço ke il dit ben entent
Ke il dit veirs e de ren ne ment.
Pur ço ad el quer grant anguisse
E ne set ke faire puisse.
Folie serrait e engan
A entercer le pur Tristran,
Quant ele vait e pense e creit
N'est pas Tristran, mais autre esteit.
E Tristran mult ben se aparceuit
Ke ele del tut le mescunuit.

Puis dit aprés : « Dame reïne,
Mult fustes ja de bon orine,
Quant vus me amastes seinz desdeing.
Certes de feintise ore me pleing.

et vous avez ouvert pour moi vos petites cuisses
entre lesquelles je me suis laissé tomber,
sous les yeux de tout le monde.
Grâce à cette ruse, je le sais,
Yseut, vous avez été innocentée le jour
où vous avez prêté un serment solennel en justice,
devant la cour du roi[1]. »
La reine l'écoute attentivement
et ne perd pas un mot de ce qu'il dit.
Elle le regarde, soupire profondément
et ne sait plus que dire,
car il ne ressemble pas à Tristan,
ni de visage ni d'allure ni de mise.
Mais en l'écoutant, elle doit convenir
qu'il dit la vérité dans le moindre détail.
Elle en est toute désemparée
et ne sait que faire.
Ce serait une folie de se laisser duper
en le prenant pour Tristan,
alors qu'elle est persuadée, à le voir,
qu'il s'agit d'un autre et non pas de Tristan.
De son côté, Tristan s'aperçoit bien
qu'elle ne le reconnaît pas du tout.

Il dit alors : « Dame reine,
jadis vous avez fait preuve d'un noble naturel,
quand vous m'avez aimé sans me dédaigner.
Certes, à présent je me plains de votre déloyauté.

Ore vus vai retraite e fainte,
Ore vus ai jo de feinte ateinte.
Mais jo vi ja, bele, cel jur
Ke vus me amastes par amur.
Quant rei Marces nus out cunjeiét,
E de sa curt nus out chascez,
As mains ensemble nus preïmes
E hors de la sale en eissimes. [18 r. b]
Al forest puis en alames
E mult bel liu i truvames.
En une roche fu cavee ;
Devant ert estraite le entree ;
Dedenz fu voltisse e ben faite,
Tant bele cum se fust purtraite ;
Le entaileüre de la pere
Esteit bele de grant manere.
En cele volte cunversames,
Tant cum en bois nus surjurnames.
Hudein, mun chen ke tant oi cher,
Iloc le afaitai senz crïer.
Od mun chen, od mun ostëur,
Nus pessoie chascun jur.

Reïne dame, ben savez
Cum nus aprés fumes trovez.
Li reis meïmes nus trovat
E li naim ke l'i menat.

Maintenant, je vous vois distante et
dissimulée.
Maintenant, je vous accuse de duplicité. 856
Mais naguère, ma belle, j'ai connu des jours
où vous m'aimiez d'un véritable amour.
Quand le roi Marc nous a bannis
et nous a chassés de sa cour, 860
nous sommes sortis de la grande salle
tous les deux, main dans la main.
Nous sommes alors partis dans la forêt
où nous avons trouvé un magnifique abri[1]. 864
Il était creusé dans un rocher.
L'entrée était étroite ;
mais à l'intérieur s'ouvrait une salle voûtée
à la perfection,
si belle qu'on l'eût dite façonnée par
l'homme. 868
La pierre était entaillée
de manière splendide.
C'est dans cette grotte que nous avons vécu
aussi longtemps que nous sommes restés
dans les bois. 872
Husdent, mon chien que j'aimais tant,
là-bas je l'ai dressé à ne plus aboyer[2].
Grâce à mon chien et grâce à mon autour,
je nous trouvais de la nourriture chaque
jour. 876

Dame reine, vous savez bien
comment nous avons été ensuite découverts.
Le roi lui-même nous a trouvés,
avec le nain qui l'accompagnait. 880

Mais Deus aveit uvré pur nus,
Quant trovat le espee entre nus ;
E nus rejumes de loins.
Li reis prist le gaunt de sun poing
E sur la face le vus mist
Tant süef ke un mot ne dit,
Kar il vit un rai de soleil
Ke out hallé e fait vermeil [...]
Li reis s'en est alez atant,
Si nus laissat dormant.
Puis ne out nul suspezïun
Ke entre nus oüst si ben nun.
Sun maltalent nus pardonat
E sempres pur nus envoiat.

Isolt, menbrer vus dait ben :
Dunt vus donai Huden, mun chen.
Ke en avez fet ? Mustrez le mai ! »
Ysolt respunt ; « Je le ai, par fai !
Cel chen ai dunt vus parlez.
Certes, ore en dreit le verét.
Brengain, ore alez pur le chen ! [18 v. a]
Amenez le od tut le lïen. »
Ele leve e en pez sailli,
Vint a Huden e cil joï,
E le deslie, aler le lait.
Cil junst les pez, si s'en vait.

Tristran li dit : « Ça ven, Huden !
Tu fus ja men, ore te repren. »

Mais Dieu nous protégeait,
puisque Marc a trouvé l'épée entre nous
et que nous dormions loin l'un de l'autre.
Le roi a ôté son gant 884
et l'a posé sur votre visage,
tout doucement, sans dire un mot,
car il avait vu un rayon de soleil
rougir votre visage et le brûler[1]. [...] 888
Puis il s'est retiré
et nous a laissés, endormis[2].
Ensuite, il n'a plus soupçonné
qu'il y eût entre nous quelque chose de mal. 892
Il a oublié sa rancœur, nous a pardonné
et aussitôt nous a envoyé chercher.

Yseut, vous devez bien vous en souvenir :
je vous ai alors donné Husdent, mon
chien[3]. 896
Qu'en avez-vous fait ? Montrez-le-moi ! »
Yseut répond : « Je l'ai toujours, en effet,
ce chien dont vous parlez.
Oui, vous allez le voir tout de suite. 900
Brangien, allez chercher le chien !
Amenez-le avec sa laisse. »
Brangien se lève sans attendre
pour aller chercher Husdent qui lui fait fête, 904
puis elle le détache et le laisse aller.
D'un bond, le chien s'élance.

Tristan lui dit : « Viens ici, Husdent !
Tu étais à moi, il n'y a pas si longtemps,
je te reprends maintenant. » 908

Huden le vit, tost le cunuit :
Joie li fist cum faire dut.
Unkes de chen ne oï retraire
Ke post merur joie faire,
Ke Huden fist a sun sennur,
Tant par li mustrat grant amur.
Sur lui curt, leve la teste,
Unc si grant joie ne fist best.
Bute del vis, fert del pé :
Aver en poüst l'en gran pité.

Isolt le tint a grant merveille ;
Huntuse fu, si devint vermaille
De ço ke il si le joï,
Tantost cum il sa voiz oï,
Kar il ert fel e de putte aire
E mordeit e saveit mal faire
A tuz ices ki od lu jüoent
E tuz ices kil manïoent ;
Nul n'i poeit se acuinter,
Ne nul nel poeit manïer
Fors sul la raïne e Brengain,
Tant par esteit de mal maine,
Depuis ke il sun mestre perdi
Ki le afaitat e ki le nurri.

Tristran joïst Huden e tient,
E dit a Ysolt : « Melz li suvient
Ke jo le nurri, ke le afaitai

Dès qu'il le voit, Husdent le reconnaît aussitôt.
Il lui fait fête, cela va sans dire.
À ma connaissance, jamais aucun chien
n'a manifesté de joie plus pure
que celle d'Husdent retrouvant son maître,
tant il lui témoigne une vive affection.
Il court vers lui, tête levée,
jamais animal n'a eu l'air plus joyeux.
Il lui donne des coups de museau et des coups de patte :
c'est un spectacle très émouvant[1].

Yseut en est stupéfaite.
Elle se sent gênée et rougit
de voir le chien accueillir joyeusement son maître,
dès qu'il a entendu sa voix,
car Husdent est méchant et peu docile !
Il mord et peut attaquer
tous ceux qui veulent jouer avec lui,
et tous ceux qui le touchent.
Personne ne peut l'approcher,
et nul ne peut le toucher,
sinon la reine et Brangien,
tant il est hargneux,
depuis qu'il a perdu son maître
qui l'a élevé et dressé[2].

Tristan caresse Husdent et le retient.
Il dit à Yseut : « Il se souvient mieux
du maître qui l'a dressé et élevé

Ke vus ne fait, ki tant aimai.
Mult par at en chen grant franchise
E en femme grant feintise. »

Isolt l'entent e culur mue,
D'anguisse fremist e tressue. [18 v. b]
Tristran li dit : « Dame reïne,
Mult suliez estre enterine.

Remenbre vus cum al vergez
U ensemble fumes cuchez,
Li rais survint, si nus trovat
E tost arere returnat ?
Si pensa grant felunnie,
Occire nus volt par envie ;
Mais Deus nel volt, sue merci !
Kar je sempres m'en averti.
Bele, dunc nus estot departir,
Kar li rais nus volt hunir.
Lores me donastes vostre anel
De or esmeré, ben fait e bel.
E je le reçui, si m'en alai.
E al vair Deu vus cumandai. »

Isolt dit : « Les ensengnez crei.
Avez le anel ? Mustrez le mei ! »
Il trest le anel, si li donat ;
Ysolt le prent, si le esguardat,

que vous ne le faites de l'amant qui vous
a tant aimée. 936
Il y a une très grande noblesse chez le chien,
et chez la femme une très grande
déloyauté.[1] »

À ces mots, Yseut blêmit,
frémit d'angoisse et devient moite de sueur. 940
Tristan lui dit : « Dame reine,
par le passé vous étiez d'une grande loyauté.

Vous souvenez-vous du jour où,
alors que nous étions couchés dans le
verger[2], 944
le roi est survenu, nous a découverts
et s'est aussitôt retiré ?
Il méditait une cruelle vengeance
et projetait de nous tuer, tant il était jaloux. 948
Mais Dieu l'en a empêché, loué soit-il !
car je m'en suis aperçu à temps.
Belle, il a donc fallu nous séparer,
puisque le roi voulait nous livrer à l'infamie. 952
Alors vous m'avez donné votre bel anneau
d'or pur, finement travaillé.
Je l'ai pris et je suis parti
en vous recommandant à Dieu. » 956

Yseut réplique : « Je crois les preuves.
Avez-vous l'anneau ? Montrez-le-moi. »
Il retire l'anneau de son doigt et le lui tend.
Yseut le prend et l'examine, 960

Si se escreve dunc a plurer,
Ses poinz detort, quidat desver :
« Lasse ! fait ele, mar nasqui !
En fin ai perdu mun ami,
Kar ço sai je ben, si il vif fust,
Ke autre hume cest anel n'eüst ;
Mais ore sai jo ben ke il est mort.
Lasse ! Ja meis ne averai confort ! »
Mais quant Tristran plurer la vait
Pité le em prist, e ço fu droit.

Puis li ad dit : « Dame raïne,
Bele estes e enterine.
Des ore ne m'en voil mes cuverir,
Cunuistre me frai e oïr. »
Sa voiz müat, parlat a dreit.

Isolt sempres s'en aparceit ;
Ses bras entur sun col jetat,
Le vis e les oilz li baisat.

Tristran lores a Brengain dit [19 r. a]
E si esjoï par grant delit :
« De l'ewe, bele, me baillez !
Laverai mun vis ki est sullez. »

Brengain le ewe tost aportat
E ben tost sun vis en lavat.

elle éclate alors en sanglots,
se tord les mains de douleur et croit perdre
la raison :
« Hélas ! s'écrie-t-elle, pauvre de moi !
C'est fini, j'ai perdu mon ami,
car je sais bien que s'il était vivant,
personne d'autre ne posséderait cet anneau.
Maintenant sa mort ne fait aucun doute
pour moi.
Hélas, jamais je ne m'en consolerai ! »
Mais en la voyant pleurer,
Tristan fut saisi d'une juste pitié.

Alors il lui dit : « Dame reine,
vous êtes belle et loyale.
Désormais, je ne me cacherai plus,
je me ferai entendre et reconnaître. »
Il changea sa voix et parla naturellement.

Yseut le reconnaît aussitôt,
se jette à son cou
et lui baise les yeux et le visage.

Tristan, au comble du bonheur,
dit alors à Brangien :
« Donnez-moi de l'eau, ma belle !
Je vais laver mon visage qui est barbouillé. »

Aussitôt Brangien apporte de l'eau
et Tristan s'empresse de laver son visage.

Le teint de herbe e la licur,
Tut en lavat od la süur.
En sa prupre furme revint.
Ysolt entre ses bras le tint.
Tele joi en ad de sun ami
Ke ele ad e tent dejuste li
Ke ele ne set cument cuntenir ;
Ne le lerat anuit mes partir,
Dit k'i averat bon ostel
E baus lit, ben fait e bel.
Tristran autre chosce ne quert,
Fors la raïne Ysolt u ele ert.
Tristran en est joius e lez :
Mut set ben ke il est herbigez.

Il nettoie la sueur
et la teinture laissée par le suc de la plante.
Il retrouve son vrai visage.
Yseut le serre entre ses bras, 988
elle est si heureuse de retrouver son ami
et de l'avoir auprès d'elle
qu'elle en perd toute contenance.
Elle ne le laissera pas repartir ce soir 992
et elle lui promet un bon gîte,
un lit plein d'ardeur joyeuse[1], confortable et agréable.
Tristan ne demande rien d'autre
qu'avoir la reine Yseut, là où elle est. 996
Il est joyeux et comblé :
il est assuré d'un bon gîte.

Manuscrit de Berne

Ci conmance de Tristan

Molt est Tritanz mellez a cort, [151 v. b]
Ne set o aille ne ou tort
....
Formant redoute Marc lo roi,
Que rois Mars formant lou menace,
Si viaut bien que Tritanz lou sache :
Se de lui puet avoir saisine,
Molt li vaudra po san n'orine
Que par lui ne reçoive mort.
De sa fame li a fait tort.
Clamez s'an est a son barnage
Et de la honte et de l'otrage
Que Tritanz, ses niés, li a fait.
Honte a de ce qu'il li a fait.
Ne pot mais aler, sanz celer.
Ses barons fait toz asanbler
Et lor a bien montree l'ovre ; [152 r. a]
Lo mesfait Tritan lor descovre.

Ici commence l'histoire de Tristan

Tristan est en très mauvais termes avec la cour.
Il ne sait où aller ni où se diriger
....[1]
Il craint beaucoup le roi Marc,
après ses redoutables menaces :
il a fait savoir à Tristan
que s'il parvient à le capturer,
ni son intelligence ni sa naissance
ne pourront lui sauver la vie.
Il lui a causé du tort au sujet de sa femme.
Il s'est plaint devant l'assemblée de ses barons
et de la honte et de l'outrage
que Tristan, son neveu, lui a infligés.
Il se sent déshonoré par l'offense de Tristan.
Il ne peut plus continuer ainsi, c'est un scandale public.
Il a fait assembler tous ses barons,
leur a exposé l'affaire
et leur a révélé le crime de Tristan :

« Seignor, fait il, que porrai faire ?
Molt me torne a grant contraire
Que de Tritan ne pris vangence,
Sel me torne l'an a enfance.
Foïz s'an est de ceste terre
Que je no sai o jamais querre.
Car molt l'avrai tot jorz salvé,
Se poise moi, par saint Odé !
....
Se nus de vos lou puet parçoivre,
Faites lou moi savoir sanz faille.
Par saint Sanson de Cornoaille,
Quil me randroit, gré l'an savroie
Et tot jorz plus chier l'an avroie. »
N'i a celui ne li promete
Que a lui prandre entante mete.
Dinas li senechaus sopire :
Por Tritan a au cuer grant ire.
Formant l'an poise en son corage.
Erramant a pris un mesage
Par cui a fait Tritan savoir
Con a perdu par nonsavoir
L'amor del roi quil het de mort.
Mar vit Tritanz son bel deport !
Par envie est aparceüz ;
Molt en a esté deceüz.
Qant Tritanz oï la novele, [152 r. b]
Sachiez ne li fu mie bele.
N'ose repairier ou païs,
Sovant en a esté fuitis.

« Seigneurs, dit-il, que faire ?
Cela me porte un grave préjudice
de ne m'être pas vengé de Tristan
et on me prend pour un imbécile.
Il s'est enfui de ce pays
et je désespère de le trouver un jour.
Que Tristan échappe encore à ma vengeance,
cela m'est insupportable par saint Odé[1] !
....
Si l'un d'entre vous vient à l'apercevoir,
qu'il me le fasse savoir sans faute.
Par saint Samson de Cornouailles,
qui me le livrerait aurait droit à ma reconnaissance
et il m'en serait à jamais d'autant plus cher. »
Chacun lui jure de mettre
tout en œuvre pour capturer Tristan[2].
Dinas[3], le sénéchal, soupire :
il conçoit les plus grandes craintes pour Tristan.
Il en a le cœur lourd.
Il envoie en hâte un messager
à Tristan pour lui faire savoir
qu'il a perdu par son imprudence
l'affection du roi qui lui voue une haine mortelle.
Tristan va regretter son Beau Plaisir[4].
Des envieux l'ont découvert ;
il a été bassement trahi.
En apprenant cette nouvelle, Tristan,
sachez-le, n'en éprouve aucun plaisir.
Il n'ose revenir dans le pays
d'où il a souvent dû fuir.

Sovant sopire et molt se dialt
De ce c'o lui nen a Ysiaut.
Ysiaut a il, mais nen a mie
Celi qui primes fu s'amie.
Porpanse soi qu'il porra faire,
Con la porra a soi atraire,
Car n'ose aler en la contree.
« Ha ! Deus, fait il, quel destinee !
C'ai je sofert en tel amor !
Onques de li ne fis clamor
Ne ne me plains de ma destrece.
Por qoi m'asaut ? por quoi me blece ?
Deus ! ce que doit ? qui me sanble...
....
....
Don ne fai je ce que demande ?
Nenil, qant cele ai laissiee
Qui a por moi tant de hachiee,
Tant mal et tant honte et anui
Las, fait il, con je sui
Malaürous et con mar fui...
....
Soferte et tante poine aüe !
Ainz si bele ne fu veüe.
Ja n'an soit mais nul jor amez,
Ainz soit tot jorz failliz clamez
Qui de li amer ja se faint !
Amors, qui totes choses vaint,

Il ne cesse de soupirer et se plaint amèrement
de n'avoir pas Yseut auprès de lui.
Il a bien une Yseut, mais ce n'est pas
celle qui a été en premier son amie[1].
Il se demande que faire,
comment réussir à la faire venir,
car il n'ose pas se rendre dans son pays.
« Ah ! Dieu ! fait-il, quelle destinée !
Que cet amour m'a fait souffrir !
Je l'ai toujours accepté sans me plaindre
et je ne gémis pas sur ma détresse.
Pourquoi m'assaille-t-il ? Pourquoi me blesse-t-il ?
Mon Dieu, pourquoi ?
....
.................................[2]
Ai-je failli à ses exigences ?
Assurément, car j'ai abandonné celle
qui endure par amour pour moi tant de souffrances,
tant de malheurs, d'humiliations et de tourments !
Hélas, ah ! quelle tristesse ! pauvre de moi !
....
Que de souffrances et de chagrins a vécus la reine[3] !
Jamais on ne vit si belle amie !
Qu'il n'en soit jamais aimé
et soit pour toujours frappé d'indignité,
celui qui renonce à l'aimer !
Qu'Amour, vainqueur de toutes choses[4],

Me doint encor que il avaigne [152 v. a]
Que a ma volanté la taigne !
Si ferai je, voir, se Deu plait.
A Deu pri ge qu'il ne me laist
Morir devant ce que je l'aie.
Molt me gari soëf ma plaie
Que je reçui en Cornuaille,
Qant a Morhot fis la bataille
En l'ile ou fui menez a nage
Por desfandre lo treüssaje
Que cil devoient de la terre. [152 v. b]
A m'espee finé la guerre.
Et Deus me doint encor tant vivre [152 v. a]
Que la voie saine et delivre !
Encor avroie je molt chier,
S'a li me pooie acointier.
Et Deus li doint joie et santé,
S'il vialt, par sa doce bonté,
Et il me doint enor et joie
Et si me tort en itel voie
Q'ancore la puisse aviser
Et li vëoir et encontrer !
Deus ! con sui maz et confonduz
Et en terre molt po cremuz !
Las ! que ferai, qant ne la voi ?
Que por li sui en grant efroi
Et nuit et jor et tot lo terme.
Quant ne la voi, a po ne derve.
Las ! que ferai ? Ne sai que faire,

M'accorde encore la chance
de la voir succomber à mon désir.
Il en sera ainsi, certes, s'il plaît à Dieu.
Je le prie de me prêter vie
jusqu'à ce que je l'aie retrouvée.
Avec une infinie douceur, elle a guéri la blessure
que je reçus en Cornouailles,
quand j'ai combattu le Morholt
dans l'île où un navire m'a conduit,
pour défendre le tribut
que devaient les gens du pays.
C'est mon épée qui a ramené la paix[1].
Que Dieu m'accorde de vivre assez longtemps
pour la voir saine et sauve !
Mon désir le plus cher
serait de pouvoir la retrouver.
Que Dieu lui donne joie et santé,
s'il le veut bien, dans sa douce bonté,
et qu'il m'accorde honneur et joie,
me montre aussi le chemin
pour la revoir encore une fois,
et lui parler, et la rencontrer !
Dieu, que je suis abattu et désemparé,
et qu'on me respecte peu sur cette terre !
Hélas ! que faire si je ne la vois ?
Sa pensée me plonge dans le plus grand émoi,
et nuit et jour, à tout instant.
Quand je ne la vois pas, ma raison défaille.
Hélas ! que faire ? Je ne sais,

Que por lui sui en grant afaire.
Tenir me porroit por mauvais, [152 v. b]
Se por nule menace lais
Que je n'i aille en tapinaje
O en abit de fol onbrage.
Por li me ferai rere et tondre,
S'autremant ne me puis repondre.
Trop sui el païs coneüz :
Sanpres seroie deceüz,
Se je ne puis changier a gré
Ma vesteüre et mon aé.
Ne finerai onques d'errer,
Tant con porrai nes point aler. »
Quant ce ot dit, plus ne demore,
Ainz s'an torne meïsmes l'ore ;
Guerpi sa terre et son roiaume,
Il ne prinst ne hauberc ne hiaume.
D'errer ne fine nuit et jor,
Jusq'a la mer ne prist sejor.
A molt grant poine vint il la ;
Et si vos di qu'il a pieç'a
Tel poine soferte por li
Et molt esté fol, je vos di.
Change son non, fait soi clamer
Tantris. Qant il ot passé mer,
Passez est outre lo rivage. [153 r. a]
Ne vialt pas qu'en lo taigne a sage :
Ses dras deront, sa chere grate,

car pour l'amour d'elle, je suis au désespoir.
J'aurais droit à son mépris
si quelque menace me retenait
d'aller la retrouver en secret
ou déguisé en sombre fou.
Pour elle, je vais me faire raser et tondre,
puisque je ne peux me cacher autrement.
On me connaît trop bien dans le pays :
je serais vite dénoncé,
à moins de pouvoir à mon gré
me vieillir et changer de vêtements.
Je marcherai sans arrêt,
jusqu'au bout de mes forces. »
Sur ce, sans plus tarder,
il se met en route aussitôt.
Il quitte sa terre et son royaume,
sans prendre ni haubert ni heaume.
Il marche nuit et jour, sans arrêt,
sans repos, jusqu'à la mer.
Il est harassé, lorsqu'il atteint le rivage ;
cela fait longtemps, je vous assure,
qu'il endure bien des tourments pour l'amour d'Yseut,
au point d'en devenir fou, je vous le dis[1].
Il change son nom et se fait appeler
Tantris[2]. Une fois la mer traversée,
il s'éloigne du rivage.
Il ne veut pas qu'on le croie sain d'esprit.
Il déchire ses vêtements, égratigne son visage,

Ne voit home cui il ne bate ;
Tondrë a fait sa bloie crine.
N'i a un sol en la marine
Qui ne croie que ce soit rage,
Mais ne sevent pas son corage.
En sa main porte une maçue ;
Conme fous va, chascuns lo hue,
Gitant li pierres a la teste.
Tritanz s'en va, plus n'i areste.
Ensinc ala lonc tans par terre,
Tot por l'amor Ysiaut conquerre.
Molt li ert boen ce qu'il faisoit,
Nule rien ne li desplaisoit,
Fors ce qu'il n'estoit o Yseut.
Celi desirre, celi veut.
N'a encor pas esté a cort,
Mais or ira, a quel que tort,
Et se fera por fol sambler
Que a Ysiaut viaut il parler.
Droit a la cort en est venuz,
Onques huis ne li fu tenuz.

Qant Tritanz vint devant lo roi,
Auques fu de povre conroi :
Haut fu tonduz, lonc ot lo col.
A mervoille sambla bien fol.
Molt s'est mis por amor en grande.
Mars l'apele, si li demande : [153 r. b]
« Fous, con as non ? — G'é non
Picous.
— Qui t'angendra ? — Uns galerous.

et frappe tous ceux qu'il voit.
Il a rasé ses cheveux blonds.
Tout le monde, sur le rivage,
le croit fou furieux ;
mais personne ne connaît ses desseins.
Dans sa main, il tient une massue[1].
Il a l'allure d'un fou : chacun le hue
et lui lance des pierres à la tête.
Tristan poursuit sa route, sans plus s'arrêter.
Il marche longtemps à travers le pays,
avec l'unique pensée de conquérir l'amour
d'Yseut.
Il est heureux de ce qu'il fait
et rien ne lui semble pénible,
hormis de n'être pas avec Yseut.
Il la désire, il la veut.
Il ne s'est pas encore rendu à la cour,
mais il va y aller coûte que coûte,
et se fera passer pour fou
car il veut parler à Yseut.
Il est arrivé droit à la cour.
Pas une porte ne lui reste fermée.

Quand Tristan se présente devant le roi[2],
il a bien piètre allure.
Il a le crâne rasé et le cou dégarni.
Il ressemble à s'y méprendre à un fou.
Par amour, il a pris d'énormes risques.
Marc l'appelle et lui demande :
« Fou, quel est ton nom ? — Je m'appelle
Picol[3].
— Qui est ton père ? — Un morse[4].

— De qui t'ot il ? — D'une balaine.
Une suer ai, que vos amoine.
La meschine a non Brunehaut.
Vos l'avroiz, et j'avrai Ysiaut
— Se nos chanjon, que feras tu ? »
Et dit Tritanz : « O bees tu ?
Entre les nues et lo ciel,
De flors et de roses, sanz giel,
Iluec ferai une maison
O moi et li nos deduiron.
A ces galois, cui Deus doint honte,
Encor n'ai pas finé mon conte.
Rois Mars, demoisele Brangain
Traist, je t'afi enz en ta main,
Del boivre don dona Tritan,
Don il sofri puis grant ahan.
Moi et Ysiaut, que je voi ci,
En beümes, demandez li !
Et si lo tient or a mançonge,
Don di je bien que ce fu songe,
Car je lo songé tote nuit.
Rois, tu n'iés mie encor bien duit !
Esgarde moi en mi lo vis :
Don ne sanble je bien Tantris ?
Je ai sailli et lanciez jons,
E sostenu dolez bastons,
Et en bois vescu de racine,

— Avec qui t'a-t-il eu ? — Une baleine.
J'ai une sœur, je vous l'amène.
La jeune fille s'appelle Bruneheut[1].
Elle sera à vous, et moi, j'aurai Yseut.
— Si nous échangeons, que feras-tu ? »
Tristan rétorque : « Où as-tu la tête[2] ?
Entre les nuages et le ciel,
avec des fleurs et des roses, à l'abri des frimas,
là, je bâtirai une maison
où elle et moi, nous prendrons du bon temps[3].
Pour ces fêtards[4], que Dieu les honnisse,
je n'ai pas encore fini mon histoire.
Roi Marc, la demoiselle Brangien
a tiré, je te le jure ma main dans la tienne,
de ce breuvage qu'elle a donné à Tristan,
et dont il a souffert par la suite tant de tourments.
Moi et Yseut, que je vois ici,
nous en avons bu, demande-le-lui.
Et si elle prétend maintenant que c'est mensonge,
je veux bien admettre que c'est un songe[5]
car j'en ai rêvé chaque nuit.
Roi, tu ne sais pas tout encore.
Regarde-moi bien en face.
Est-ce que je ne ressemble pas trait pour trait à Tantris ?
J'ai fait des bonds et lancé des joncs,
et tenu en main des bâtons taillés[6],
j'ai vécu de racines dans les bois[7]

Entre mes braz tenu raïne. [153 v. a]
Plus diré se m'an entremet.
— Or te repose, Picolet.
Ce poise moi que tant fait as.
Lai or huimais ester tes gas !
— A moi que chaut, s'il vos en poise ?
Je n'i donroie un poi de gloise ! »
Or dient tuit li chevalier :
« N'a fol baër, n'a fol tancier !
— Rois, manbre vos d'une peor grant,
Qant vos nos trovastes gisant
Dedanz la foilliee, estandu
Entre nos deus mon branc tot nu ?
La fis je sanblant de dormir,
Car je n'osoie pas foïr.
Chaut faisoit con el tans de mai.
Par mi la loje vi un rai.
Li rais sor sa face luisoit,
Molt faisoit Deus ce qu'il voloit.
Tes ganz botas enz el pertuis
Si t'an alas, il n'i ot plus.
Ne je ne voil l'ordre conter,
Car il li devroit bien manbrer. »
Marc en esgarde la raïne,
Et cele tint la chiere encline,
Son chief covri de son mantel :
« Fol, mal aient li marinel

et entre mes bras j'ai tenu une reine.
Je peux continuer, si je m'en donne la peine.
— Repose-toi donc[1], Picolet.
Tu en as déjà dit bien assez, à mon goût. 188
Maintenant, trêve de plaisanteries !
— Que m'importe votre déplaisir !
Je m'en soucie comme d'une guigne[2]. »
Alors tous les chevaliers s'écrient : 192
« Au fou ne t'arrête ni ne te querelle[3] ! »
« Roi, vous souvenez-vous d'un moment
de grande frayeur,
quand vous nous avez trouvés endormis,
dans la hutte de feuillage, 196
avec mon épée nue, posée entre nos deux corps ?
J'ai fait alors semblant de dormir
car je n'osais prendre la fuite.
Il faisait chaud comme d'ordinaire au temps de mai. 200
Je voyais un rayon de soleil traverser la hutte.
Il brillait sur le visage d'Yseut.
Nous étions entre les mains de Dieu.
Tu as mis tes gants dans le trou du feuillage, 204
puis tu es parti[4]. Ce fut tout.
Je ne veux pas raconter la suite[5],
car elle devrait bien s'en souvenir. »
Marc regarde alors la reine : 208
elle a la tête baissée
et se cache le visage de son manteau.
« Fou, maudits soient les marins

Qui ça outre vos amenerent,
Qant en la mer ne vos giterent ! »
Adonques a Tritanz parlé :
« Dame, cist cous ait mal dahé ! [153 v. b]
Se estoiez certe de moi,
Se par vos m'avoiez secroi
Et vos saüssiez bien mon estre,
Ne vos tandroit huis ne fenestre
Ne lo conmandemant lo roi.
Encor ai l'anel pres de moi
Que me donastes au partir
Del parlemant que doi haïr.
Maldite soit ceste asanblee !
Mainte dolereuse jornee
En ai puis aüe et soferte.
Car m'estorez, dame, ma perte
En doz baisier de fine amor
Ou enbracier soz covertor.
Molt m'avroiez fait grant confort,
Certes, o autremant sui mort.
Onques Yder, qui ocist l'ors,
N'ot tant ne poines ne dolors
Por Guenievre, la fame Artur,
Con je por vos, car je en mur.
Guerpi en ai tote Bretaigne :

qui vous ont amené sur ce rivage, 212
au lieu de vous jeter à la mer ! »
Alors Tristan lui répliqua :
« Dame, maudit soit ce cocu !
Si vous saviez vraiment qui je suis, 216
si nous étions seul à seule[1]
et que vous connaissiez le fond de mon cœur,
aucune porte, aucune fenêtre ne pourrait
vous retenir,
pas plus que l'ordre du roi. 220
J'ai encore sur moi l'anneau
que vous m'avez donné, quand vint la
séparation,
à la fin de ce rendez-vous dont le souvenir
m'est à juste titre odieux[2].
Maudite soit cette entrevue ! 224
Depuis lors, j'ai été contraint à bien des
voyages
difficiles et douloureux.
Réparez donc, dame, cette perte pour moi,
en m'accordant les doux baisers d'un
amour parfait 228
ou des étreintes sous la couverture.
Vous m'apporteriez une très grande
consolation.
C'est sûr, sans elle, je ne puis que mourir.
Jamais Yder[3] qui a tué l'ours 232
n'a enduré autant de peines et de tourments
pour Guenièvre, l'épouse du roi Arthur,
que je n'en ai éprouvé pour l'amour de
vous, puisque j'en meurs.
Pour vous, j'ai fui la Bretagne : 236

Par moi sui venuz en Espaigne,
Onques nel sorent mi ami
Ne nel sot la suer Caërdin.
Tant ai erré, par mer, par terre
Que je vos sui venuz requerre.
Se je ensin m'an vois do tot
Que l'un en l'autre ne vos bot,
Donc ai je perdue ma joie. [154 r. a]
Ja mais en augur nus ne croie ! »
En la sale maint en consoille
Li uns a l'autre en l'oroille :
« Mien esciant, tost avandroit
Que mes sires cel fol crerroit. »
Li rois a demandé chevaus :
Aler veor vialt ses oisiaus
La de defors voler as grues ;
Pieç'a que n'issirent des mues.
Tuit s'an issent, la sale est vuie,
Et Tritanz a un banc s'apuie.
La raïne entra en sa chanbre
Don li pavemanz est de lanbre.
A soi apele sa meschine,
Dit li a : « Por sainte Estrestine,
As tu oï del fol mervoilles ?
Male goute ait il es oroilles !
Tant a hui mes faiz regreté

sans aucun compagnon, je suis allé en Espagne,
à l'insu de mes amis,
à l'insu même de la sœur de Kaherdin[1].
Après avoir erré si longtemps à travers les mers et les terres,
je suis venu vous rechercher.
Si je repars comme je suis venu,
sans que je ne vous bourre[2],
alors j'ai perdu toute ma joie :
Qu'on ne croie alors plus jamais en aucun heureux présage[3] ! »
Dans la salle, les murmures vont bon train,
on se chuchote à l'oreille :
« M'est avis que notre seigneur pourrait bientôt
ajouter foi aux propos de ce fou ! »
Le roi a demandé qu'on selle les chevaux.
Il veut aller voir ses oiseaux
chasser les grues dans le ciel.
Il y a longtemps qu'on ne les a sortis de leurs cages[4].
Tout le monde quitte la salle, bientôt déserte,
et Tristan s'assied sur un banc.
La reine se retire dans sa chambre
au pavement de marbre.
Elle appelle sa suivante
et lui dit : « Par sainte Estretine[5],
as-tu entendu les propos stupéfiants de ce fou ?
Puisse un mauvais mal lui crever les oreilles !
Avec quelle justesse il a rappelé ma vie passée

Et les Tritan, c'ai tant amé,
Et fais encor, pas ne m'an fain.
Lasse ! si m'a il en desdain,
Et si m'an sofre encor a poine.
Va por lo fol, si lo m'amoine ! »
Cele s'an torne eschevelee ;
Voit la Tritanz, molt li agree.
« Dan fol, ma dame vos demande.
Molt avez hui esté en grande
De reconter lui vostre vie.
Plains estes de melancolie. [154 r. b]
Si m'aïst Deus, qui vos pandroit
Je cuit que bien esploiteroit !
— Certes, Brangien, ainz feroit mal :
Plus fol de moi vait a cheval.
— Quel deiable enpané bis
Vos ont mon non ensi apris ?
— Bele, pieç'a que je lo soi.
Par lo mien chief qui ja fu bloi,
Partie est de cestui raison :
Par vos est fors. Lo guerredon,
Hui cest jor, bele, vos demant,
Que me façoiz solemant tant
Que la raïne me merisse
La carte part de mon servise
O la moitié de mon travail. »
Don sopira a grant baail.
Brangien si l'a bien agaitié :

et celle de Tristan que j'ai tant aimé
et que j'aime encore, je ne m'en cache pas. 264
Hélas ! Il me dédaigne,
alors que je souffre de vivre sans lui.
Va chercher le fou et amène-le-moi ! »
Brangien s'en va, négligeant de mettre
sa guimpe[1]. 268
À sa vue, Tristan se réjouit[2].
« Maître fou ! Ma dame vous demande.
Vous vous êtes mis en frais aujourd'hui
pour lui raconter votre vie ! 272
Vous êtes plein de mélancolie[3].
Sur mon âme, si l'on vous pendait,
on ferait, je crois, une bonne action !
— Bien au contraire, Brangien, on
commettrait un crime. 276
Plus fou que moi monte à cheval[4].
— Quels diables aux plumes grises[5]
vous ont ainsi appris mon nom ?
— Ma belle, il y a bien longtemps
que je le sais. 280
Sur ma tête naguère aux cheveux blonds,
j'ai perdu la raison,
mais c'est à cause de vous. Aujourd'hui,
en guise de réparation,
je ne vous demande rien, ma belle, 284
si ce n'est de faire en sorte
que la reine récompense
le quart de mon service
ou la moitié de ma peine. » 288
Il soupire alors profondément.
Brangien l'observe avec attention.

Biaus bras, beles mains et biaux piez
Li voit avoir a desmesure ;
Bien est tailliez par la çainture.
En son cuer panse qu'il est sage
Et meillor mal a que n'est rage.
« Chevaliers, sire, Deus t'anort
Et doint joie, mais qu'il ne tort
A la raïne a desenor,
Ne a moi, qui sui de s'amor !
Pardone moi ce que t'ai dit,
Ne m'an poise mie petit.
— Jel vos pardoin, pas ne m'an poise. » [154 v. a]
Atant dit Brangien que cortoise :
« Toe merci, porchace t'uevre :
D'autrui que de Tritan te covre.
— Ja si feroie je, mon voil,
Mais li boivres del trosseroil
M'a si emblé et cuer et sans
Que je nan ai autre porpans
Fors tant que en amor servir.
Deus m'an doint a boen chief venir !
Mar fu cele ovre appareilliee !
Mon san ai an folor changiee.
Et vos, Brangien, qui l'aportates,
Certes, malemant esploitates.
Cil boivres fu faiz a envers,
De plusors herbes molt divers.

Elle remarque que ses bras, ses mains
et ses pieds sont d'une extrême beauté ;
sa taille est svelte.
Elle se dit qu'il a toute sa raison
et qu'il souffre d'un mal plus agréable
que la folie furieuse.
« Chevalier, seigneur, que Dieu te comble
d'honneur
et de joie, pourvu que cela ne tourne pas
au déshonneur ni pour la reine,
ni pour moi, qui suis son amie.
Pardonne mes propos,
je les regrette sincèrement.
— Je vous le pardonne, cela ne fait rien. »
Brangien répond avec courtoisie :
« De grâce, poursuis ton histoire,
mais cesse de te faire passer pour Tristan.
— Je le ferais bien volontiers,
mais le breuvage emporté dans nos bagages[1]
m'a si bien ravi et le cœur et l'esprit
que je n'ai d'autre souci
que le service d'amour.
Que Dieu me donne de réussir !
Quel malheur que d'avoir préparé cette
boisson[2] !
Ma raison s'est changée en folie.
Et vous, Brangien qui l'avez apportée,
vous avez bien mal agi.
Ce breuvage a été préparé en dépit du bon
sens[3],
avec un mélange très singulier de plusieurs
plantes.

Je muir por li, ele nel sant :
N'est pas parti onïemant,
Car je sui Tritanz qui mar fu. »
A cest mot l'a bien conneü,
A ses piez chiet, merci li crie,
Qu'il li pardoint sa vilenie.
Cil la relieve par les doiz,
Si la baisa plus de cent foiz.
Or la prie de sa besoingne
Et qu'el la face sans essoigne,
— Bien s'an porra aparcevoir —
Et qu'ele en face son pooir.
Brangien l'an moine par lo poin.
L'uns pres de l'autre, non pas loing, [154 v. b]
Et vienent en la chanbre ensanble.
Voit lo Ysiaut, li cuers li tranble,
Car molt lo het por les paroles
Que il dist hui matin si foles.
Molt boenemant et sanz losange
La salua, a quel que prange :
« Deus saut, fait ce il, la raïne,
Avoc li Brangien, sa meschine !
Car ele m'avroit tost gari
Por sol moi apeler ami.
Amis sui je, et ele amie.
N'est pas l'amors a droit partie :
Je sui a doble traveillié
Mais el n'an a nule pitié.
O fain, o soif et ou durs liz,

Je meurs pour elle, et elle ne ressent rien.
Les effets ne sont pas justement partagés,
car c'est moi, Tristan, qui suis l'infortuné ! »
À ces mots, elle l'a reconnu sans l'ombre
d'un doute.
Elle tombe à ses pieds et, implorant sa pitié,
le supplie de lui pardonner sa méchanceté.
Tristan la prend par la main, la relève
et la couvre de baisers.
Il la supplie alors de l'aider
sans retard à réaliser ses desseins
— elle trouvera bien les moyens —
et de faire tout son possible.
Brangien le prend par la main
et c'est côte à côte
qu'ils pénètrent tous deux dans la chambre.
Lorsque Yseut le voit, son cœur frémit
car elle lui garde une profonde rancune
des folles déclarations qu'il a faites le matin.
Avec un grand respect mais sans flatterie,
Tristan la salue et se risque à lui dire[1] :
« Dieu sauve la reine,
et avec elle, Brangien, sa suivante !
Car Yseut aurait tôt fait de me guérir,
il lui suffirait de m'appeler "ami".
C'est que je suis son ami, et qu'elle est mon
amie.
Mais l'amour n'est pas également partagé :
je souffre deux fois plus qu'elle,
et elle n'en éprouve aucune pitié.
J'ai connu la faim, la soif, j'ai couché
sur la dure,

Pansis, pansant, do cuer, do piz
Ai soferte mainte destrece ;
N'ai rien mesfait par ma parece.
Mais cil Deus qui reigne sanz fin,
Qui as noces Archedeclin
Lor fu tant cortois botoillier
Que l'eve fist en vin changier,
Icel Deus me mete en corage
Que il me giet d'icest folage ! »
Cele se taist, qui mot ne sone.
Voit la Brangiens, si l'araisone.
« Dame, fait ele, quel sanblant
Faites au plus loial amant
Qui onques fust ne ja mais soit ? [155 r. a]
Vostre amor l'a trop en destroit.
Metez li tost voz braz au col !
Por vos s'est tonduz conme fol.
Dame, entandez que je i di,
Ce est Tritans, gel vos afi.
— Damoisele, vos avez tort.
Car fussiez vos a lui au port
O il ariva hui matin !
Trop a en lui cointe meschin !
Se ce fust il, il n'aüst pas
Hui dit de moi si vilains gas
Oiant toz cez en cele sale.
Miauz volsist estre el fonz de fale !
— Dame, gel fis por nos covrir

éprouvé les soucis, les tourments du cœur
m'étreignant la poitrine
qui me plongeaient souvent dans la détresse.
J'ai tout supporté sans désemparer.
Mais que Dieu au règne éternel,
qui aux noces d'Architriclin[1]
a été un échanson assez courtois
pour changer l'eau en vin,
que ce Dieu me donne la force
de me sauver de cette folie[2] ! »
La reine se tait, ne dit mot.
Indignée, Brangien l'apostrophe :
« Dame, s'écrie-t-elle, quel accueil
réservez-vous au plus loyal amant
qui n'eut et n'aura jamais son égal ?
L'amour qu'il vous porte le met au supplice !
Jetez-vous vite à son cou !
C'est pour vous qu'il s'est fait tondre comme les fous.
Dame, écoutez-moi bien,
c'est Tristan, je vous le jure.
— Demoiselle, vous vous trompez.
Si seulement vous aviez été au port
où il arriva ce matin !
C'est un jeune imposteur[3] !
Si c'était Tristan, il n'aurait pas fait aujourd'hui
des plaisanteries aussi grossières sur moi,
devant tout le monde dans la grande salle.
Il aurait préféré être englouti[4] !
— Dame, je l'ai fait pour nous couvrir

Et por aux toz por fous tenir.
Ainz ne soi rien de devinaille.
La vostre amor trop me travaille.
Po vos manbre de Gamarien
Qui ne demandoit autre rien
Fors vostre cors qu'il en mena.
Qui fu ce qui vos delivra ?
— Certes, Tritans, li niés lo roi,
Qui molt fu de riche conroi. »
Voit lo Tritans, molt li est buen :
Bien set que il avra do suen,
S'amor, car plus ne li demande.
Sovant en a esté en grande.
« Resanble je point a celui
Qui sol, sanz aïe d'autrui, [155 r. b]
Vos secorut a cel besoin,
A Guimarant copa lo poin ?
— Oïl, itant que estes home.
Ne vos conois, ce est la some.
— Certes, dame, c'est grant dolor.
Ja fui je vostre harpeor
En la chanbre, del ju menistre,
Tele ore que je fui molt tristre,
Et vos, raïne, encor un poi ;
Car de la plaie que ge oi
Que il me fist par mi l'espaule

et pour que tous me croient fou.
Je n'ai jamais eu les talents d'un devin. 376
L'amour que je vous porte me fait
cruellement souffrir.
Vous semblez n'avoir guère de souvenir de
Gamarien[1] :
il ne voulait personne d'autre que vous
et vous a enlevée. 380
Qui fut celui qui vous a délivrée ?
— Certes, c'est Tristan, le neveu du roi,
mais il avait un somptueux équipement. »
À ces mots, Tristan se réjouit : 384
il sait qu'il retrouvera son bien,
l'amour de la reine, et c'est tout ce qu'il
demande.
Il l'a si souvent désiré !
« N'ai-je pas quelque ressemblance 388
avec celui qui, seul, sans l'aide de personne,
vous a sauvée de danger
en coupant le poing à Guimarant[2] ?
— Oui, pour autant que vous êtes un
homme. 392
Mais en un mot, je ne vous reconnais pas.
— Certes, dame, c'est bien malheureux.
J'ai été naguère votre harpeur ;
dans votre chambre, je vous ai appris
à jouer de la harpe, 396
alors que j'étais très triste
et que vous l'étiez encore un peu[3].
De la plaie que j'avais,
que le Morholt m'avait faite à l'épaule 400

— Si issi je de ceste aule —
Me randistes et sauf et sain.
Autres de vos n'i mist la main.
Del velin del cruiel sarpent
— Panduz soie, se je en mant —
Me gareïstes sanz mehain.
Et quant je fui entrez el bain,
Traisistes vos mon branc d'acier,
L'osche trovastes a l'essuier.
Donc apelastes Perenis
O la bande de paile bis,
O la piece iert envolopee.
L'acier joinssistes a l'espee.
Quant l'un acier a l'autre joint,
Donc ne m'amastes vos donc point.
Par grant ire, por moi ferir,
L'alastes a deus poinz saisir ; [155 v. a]
Venistes vers moi tote iriee.
En po d'ore vos oi paiee
O la parole do chevol,
Don je ai puis aü grant dol.
Vostre mere sot ce secroi :
Ice vos afi je par foi.
Don me fustes vos bailliee.
Bien fu la nés apareilliee.
Qant de havre fumes torné,
Au tierz jor nos failli oré.

— c'est à ce prix que je m'étais sorti
du combat[1] —,
vous m'avez complètement guéri.
Vous seule m'avez soigné.
Et du venin du cruel dragon 404
— je veux bien être pendu, si je mens —,
c'est vous aussi qui m'en avez guéri sans
séquelles[2].
Et quand je suis entré dans le bain,
vous avez dégainé mon épée d'acier 408
et en l'essuyant vous avez remarqué l'entaille.
Vous avez alors demandé à Périnis[3]
de venir avec la bande de soie grise
où était enveloppé l'éclat de métal. 412
Vous avez joint cette pièce à l'épée.
En voyant qu'elles s'ajustaient parfaitement,
ce n'est certes pas de l'amour que vous avez
éprouvé pour moi !
Dans un transport de fureur, pour me
frapper, 416
vous avez saisi l'épée à deux mains
et vous vous êtes jetée sur moi, toute
courroucée.
Mais j'ai eu vite fait de vous apaiser
en vous révélant l'histoire du cheveu 420
qui m'a valu tant de souffrances par la suite[4].
Votre mère a partagé ce secret :
c'est la vérité, je vous le jure.
Ensuite, on vous a confiée à moi. 424
On a équipé le navire avec soin.
Nous avons quitté le port,
mais deux jours plus tard, le vent est tombé.

Toz nos estut nagier as rains ;
Je meïsmes i mis les mains.
Granz fu li chauz, s'aümes soi.
Brangien qui ci est devant toi
Corut en haste au trosseroil ;
Ele meprist estre son voil.
Do buvrage empli la cope,
Molt par fu clers, n'i parut sope.
Tandi lo moi et je lo pris,
Ainz ne t'iert mal ne aprés pis
Car trop savez de la favele.
Mar vos vi onques, damoisele !
— De molt bon maistre avez leü !
A vostre voil seroiz tenu
Por Tritan, a cui Deus aït !
Mais toz en iroiz escondit.
Diroiz vos mais nule novele ?
— Oïl, lo saut de la chapele.
Qant a ardoir fustes jugiee,
Et as malades otroiee, [155 v. b]
Molt s'antraloient desrainnant
Et molt duremant estrivant :
A l'un en donerent lo chois
Li qeus d'aux vos avroit el bois.
Je n'an fis autre enbuschemant
Fors do Gorvenal solemant.
Molt me deüssiez bien conoistre,

Il nous a fallu naviguer à la rame.
Moi-même, j'ai aidé l'équipage.
La chaleur était accablante, nous avons eu soif.
Brangien, ici présente,
s'est empressée de courir jusqu'aux bagages.
Elle a commis une méprise sans le vouloir.
Elle a rempli la coupe du breuvage
qui était très limpide, sans traces de dépôt.
Elle m'a tendu la coupe et je l'ai prise.
Ni avant ni après, vous n'avez eu à en pâtir,
car vous êtes trop habile à tromper votre monde.
Vous avez fait mon malheur, demoiselle[1] !
— Vous avez lu de fort bons auteurs !
Vous voulez vous faire passer
pour Tristan, que Dieu le protège !
Mais vous repartirez déçu.
Avez-vous autre chose à nous raconter ?
— Oui, le saut de la chapelle[2].
Lorsque vous avez été condamnée au bûcher
et qu'on vous a livrée aux lépreux,
une âpre discussion,
puis une vive querelle s'est élevée parmi eux :
ils ont choisi l'un d'entre eux
pour vous posséder dans le bois[3].
Je leur ai tendu une embuscade,
avec la seule aide de Governal.
Vous devriez bien me reconnaître,

Car je formant les fis la croistre ;
Ainz par moi n'en fu un desdit,
Mes Gorvenal, cui Deus aït !
Lor dona teus cous des bastons
Ou s'apooient des moignons.
En la forest fumes un terme
O nos plorames mainte lerme.
Ne vit encor l'hermite Ugrin ?
Deus mete s'ame a boene fin !
— Ce pöez bien laissier ester.
De lui ne fait mie a parler.
Vos nel resanbleroiz oan :
Il est prodom et vos truanz.
Estrange chose avez enprise,
Maint engingniez par truandise.
Je vos feroie molt tost prandre
Et au roi voz ovres antandre.
— Certes, dame, si lo savoit,
Je cuit qu'il vos en peseroit.
L'an dit : "Qui ainz servi Amor
Tot lo gerredone en un jor."
Selonc les ovres que ci oi,
Est ce granz errors endroit moi. [156 r. a]
Je soloie ja avoir drue,
Mais or l'ai, ce m'est vis, perdue.
— Sire, qui vos a destorbé ?
— Cele qui tanz jorz m'a amé.

car c'est moi qui, là, les ai fait tailler en pièces[1],
sans qu'un seul fût vaincu de ma main.
C'est Governal, Dieu le protège,
qui leur assena une volée de coups avec les béquilles
où s'appuyaient leurs moignons[2].
Nous vécûmes quelque temps dans la forêt
où nous avons versé bien des larmes.
L'ermite Ogrin vit-il toujours[3] ?
Dieu ait son âme !
— De grâce, laissez ce sujet !
Il est mal venu de parler de lui.
Vous ne lui ressemblerez jamais.
C'est un saint homme et vous n'êtes qu'un vaurien.
Vous poursuivez un dessein bien étrange.
Votre malhonnêteté en a abusé plus d'un.
Je vais vous faire arrêter
et dénoncer vos agissements au roi.
— Certes, dame, si le roi savait ce que j'ai fait,
je crois que vous le regretteriez.
On dit : “Qui a servi Amour reçoit
en un seul jour magnifique récompense[4].”
Mais si j'en juge par ce que j'entends ici,
cet adage ne se vérifie pas pour moi.
J'avais une tendre amie,
mais maintenant je l'ai perdue, je crois.
— Seigneur, qui vous a ainsi troublé la raison ?
— Celle qui m'a longtemps aimé

Et fera encor, se Deu plaist.
Ne m'est mestier c'ancor me laist.
Or vos conterai autre rien :
Estrange nature a en chien.
Queles ! Qu'est Hudent devenu ?
Qant cil l'orent trois jorz tenu,
Ainz ne volt boivre ne mangier ;
Por moi se voloit enragier.
Donc abatirent au brechet
Lo bel lïen o tot l'uisset :
Ainz ne fina, si vint a moi.
— Par cele foi que je vos doi
Certes, jel gart en ma saisine
A celui eus cui me destine,
Q'ancor ferons ensanble joie.
— Por moi lairoit Ysiaut la bloie.
Car lo me mostrez orandroit,
Savoir se il me conoistroit.
— Connoistre ? Vos dites richece !
Po priseroit vostre destrece,
Car puis Tritanz s'an ala,
Home de lui ne s'aprima
Qu'il ne volsist mangier as danz.
Il gent en la chanbre loianz.
Damoisele, amenez lo ça ! »
Brangien i cort, sou desloia. [156 r. b]
Qant li brechez l'oï parler,
Lo lïen fait des mains voler
A la meschine qui l'amoine.

et m'aimera encore, si Dieu le veut.
Il ne faut pas qu'elle m'abandonne de nouveau.
Mais laissez-moi vous parler d'autre chose :
le chien est un animal d'étrange nature.
Dites-moi donc ! Qu'est devenu Husdent ?
Lorsqu'on l'a attaché durant trois jours,
il a refusé de boire et de manger ;
mon absence le rendait enragé.
On a donc ôté le lien solide
qui retenait le brachet et on a ouvert la petite porte.
D'une traite, il a couru pour me rejoindre[1].
— Sur ma foi, je vous le jure,
il est bien en ma possession
et je le rendrai à celui auquel je me destine,
car nous connaîtrons à nouveau la joie des retrouvailles.
— Pour moi, il laisserait Yseut la Blonde.
Montrez-le-moi donc tout de suite,
pour voir s'il me reconnaîtrait.
— Vous reconnaître ! C'est le comble[2] !
Il se moquerait bien de votre misère,
car, depuis le départ de Tristan,
tous ceux qui l'ont approché,
il a voulu les mordre.
Il gémit dans la chambre à côté.
Demoiselle, allez le chercher ! »
Aussitôt, Brangien court détacher le chien.
Lorsqu'il entend la voix de Tristan,
il fait voler la laisse des mains
de la jeune fille qui le conduit.

De venir a Tritan se poine,
Sore li cort, lieve la teste ;
Onques tel joie ne fist beste !
Boute do grain et fiert do pié,
Toz li monz en aüst pitié.
Ses mains loiche, de joie abaie.
Voit lo Ysiaut, formant s'esmaie,
Craint que il soit enchanteor
O aucun boen bareteor :
Tritanz ot povre vesteüre.
Au brachet dit : « La norriture
C'ai mis en toi soit benëoite !
Ne m'as mie t'amor toloite.
Molt m'as montré plus bel sanblant
Que celi cui j'amoie tant.
Ele cuide que je me faigne.
Ele verra la destre enseigne
Q'ele me dona en baisant,
Qant departimes en plorant :
Cest enelet petit d'or fin.
Molt m'a esté prouchien voisin.
Mainte foiz ai a lui parlé
Et quis consoil et demandé.
Et qant ne me savoit respondre,
Avis m'iert que deüsse fondre.
Par amor baisai l'esmeraude ; [156 v. a]
Mi oil moilloient d'eve chaude. »

De tout son élan, il se précipite vers Tristan.
Il court vers lui et lève la tête ; 512
jamais animal n'a manifesté une telle joie.
Il donne des coups de museau et des
coups de patte à Tristan.
Tout le monde en aurait été attendri.
Il lui lèche les mains et jappe de joie. 516
En le voyant, Yseut est bouleversée ;
elle redoute que le fou ne soit un
enchanteur
ou un adroit mystificateur :
Tristan est pauvrement vêtu. 520
Il dit au brachet : « Bénie soit la peine
que j'ai mise à te dresser !
Tu ne m'as pas retiré ton affection.
Tu m'as fait plus bel accueil 524
que celle que j'aimais tant.
Elle croit que je me joue d'elle.
Mais elle va voir la preuve irréfutable
qu'elle m'a donnée en m'embrassant, 528
quand nous nous sommes séparés en
pleurs :
ce petit anneau d'or fin.
Il a été mon plus proche voisin.
Bien des fois je lui ai parlé, 532
je l'ai consulté et lui ai demandé conseil.
Et lorsqu'il ne pouvait me répondre,
j'avais l'impression d'être anéanti.
Avec amour, j'ai souvent baisé cette
émeraude et mes yeux se remplissaient
de larmes brûlantes. » 536

Ysiaut conut bien l'anelet
Et vit la joie del brechet
Que il fait, a poi ne s'anrage.
Or s'aparçoit en son corage,
C'est Tritans a cui el parole.
« Lasse ! fait ele, tant sui fole !
Hé ! mauvais cuers, por que ne fonz,
Qant ne conois la rien el mont
Qui por moi a plus de tormant ?
Sire, merci, je m'an repant ! »
Pasmee chiet ; cil la reçoit.
Or voit Brangien ce qu'el voloit.
Quant el revint, es flans l'anbrace,
Lo vis et lo nés et la face
Li a plus de mil foiz baisié.
« Ha ! Tritanz, sire, quel pechié,
Qui tel poine sofrez por moi !
Don mal soie fille de roi,
S'or ne vos rant lo guerredon !
Quelles ! Brangien, quel la feron ?
— Dame, nel tenez mie a gas.
Alez, si li querez les dras.
Il est Tritanz et vos Yseut.
Or voit l'an bien, qui plus se deut
A molt petitet d'achoison. »

Yseut reconnaît bien l'anneau
et voit la joie que fait le brachet :
pour un peu, elle en perdrait la raison.
À présent, elle comprend, dans son for intérieur,
que c'est bien à Tristan qu'elle parle.
« Malheureuse ! s'écrie-t-elle, quelle insensée !
Hé ! Cœur cruel ! Pourquoi ne défailles-tu pas,
alors que tu ne reconnais pas l'être au monde
qui a supporté les pires tourments pour moi ?
Seigneur, pitié, je me repens ! »
Elle tombe sans connaissance dans les bras de Tristan.
Brangien voit enfin ce qu'elle désirait voir.
Lorsque Yseut revient à elle, elle étreint Tristan,
couvre de mille baisers
son visage, son nez, sa bouche.
« Ah ! Tristan, Seigneur, quel malheur !
Que de souffrances endurées pour moi !
Je serais indigne d'être fille de roi
si je ne vous récompensais maintenant !
Dites, Brangien, qu'allons-nous faire ?
— Dame, il ne faut pas prendre les choses à la légère.
Procurez-lui d'autres vêtements.
Il est Tristan et vous, Yseut.
On voit bien là que le plus triste
s'afflige sans véritable raison[1].

El dit : « Quel aise li feron ?
— Tandis con vos avez loisir,
Molt vos penez de lui servir,
Tant que Mars veigne de riviere. [156 v. b]
— Car la trovast il si pleniere
Qu'il ne venist devant uit jorz ! » [...]
A cez paroles, sanz grant cri,
Con vos avez ici oï,
Entre Tritanz soz la cortine :
Entre ses braz tient la raïne.

— Comment le rendre heureux ? demanda Yseut.
— Aussi longtemps que vous en aurez le loisir,
mettez-vous en peine de le servir,
jusqu'à ce que Marc revienne de la chasse au gibier d'eau.
— Puisse-t-il trouver tant de gibier
qu'il ne revienne pas avant huit jours[1] ! »
[...]
Sur ces mots, sans faire de bruit,
comme vous venez de l'entendre dire,
Tristan se glisse sous la courtine :
entre ses bras, il tient la reine.

Fragment de Cambridge

Quant Tristran vint dewant li rei,
munt si par fut de povre cunré.
Aut fu tundu, reis vot le cole,
a mervelle resunple foyl,
megres, ateyt et neir et payl.
Ne se perçut nul de la sale
ke ce funt Tritran la magine
ke pris wot la sore Kardine.
Munt fu mis par amur a grande.
Marc l'apele, si li demante :
« Ka at tu a nunn ? — Sire, Pichoyit.
— Ki ta angendra ? — Un veu karoyt.
— De ki te oyit il ? — De une palene.
Une sore il ad ki munt amene ;
la magine a nun Prunehuyt.
Rei, tu l'avras, e je Isout.
— Si nus jajuns, ke fra tu ? »
E dit Tristran : « Tu as bue !
Entre le nuys e ly cel,

Quand Tristan arriva devant le roi,
il avait vraiment piètre allure.
Il était largement tondu, il avait le cou rasé.
Il ressemblait à merveille à un fou,
maigre, affaibli, le visage noirci et le teint terne.
Personne dans la salle ne s'aperçut
que c'était Tristan, le jeune homme
qui avait épousé la sœur de Kaherdin.
Par amour, il avait pris de grands risques.
Marc l'appelle et lui demande :
« Comment t'appelles-tu ? — Seigneur, Picou.
— Qui t'a engendré ? — Un loup-garou.
— Avec qui t'a-t-il eu ? — Avec une baleine.
J'ai une sœur que je vous amène[1] ;
la jeune fille s'appelle Bruneheut.
Roi, tu l'auras et moi j'aurai Yseut.
— Si nous changeons, que feras-tu ? »
Tristan répondit alors : « Tu es ivre[2] !
Entre les[3] nuages et le ciel,

de flor, de royse, saunz angel,
ly finerai une masiun
hou moy e li nus defenderun
de ce jelus, ke Deu dunt unte !
Incor n'ay pays finé mun cunnte.
Rei, kar me ditis, hou est Branken ?
Tenet ma fianz de ma maine
de le ber ke ele duna a Tritran,
dunt pus sufret si grant adhan,
je e Isout, ke vet ici,
en bumes, demande de ly.
Si ele tent ce a mensunge,
tunt gré ge bein ke ce seyt sunge,
kar jo sungay le autre neyt.
Reis, ne le pernet pas an doyt.
Rewardez moy a my li vis
si jo resumble Tranntris.
Metet li tris dewaunt la tran
e ws y truveret Tristran.
Jo ay saly et lanjez et jungs
et an fundainne dolé batunz,
an bois veki de racine,
entre ma braz tuneu reÿn,
et plus dirai, si entremet.
— I poet tasir, daunt Picaleyt. »
E dit Ysout, ke enn out hunte :
« Ici poet ben finir tut cunte.
I posie moy keu en prolays,
des or meys laset vo kais.
— Ne m'an geut me ke ws pesye.

avec des fleurs et des roses, à l'abri des frimas,
là, je bâtirai une maison
où elle et moi nous défendrons
de ces jaloux[1], que Dieu honnisse !
Je n'ai pas encore terminé mon histoire.
Roi, dites-moi donc où est Brangain[2] ?
Tiens, je te le jure, ma main dans la tienne :
De ce breuvage qu'elle a donné à Tristan,
et dont il a ensuite souffert si cruellement,
Yseut que je vois ici et moi-même
en avons bu, demande-le-lui.
Si elle prétend que c'est un mensonge,
je veux bien admettre que ce soit un songe,
car je l'ai songé l'autre nuit.
Roi, ne le mettez pas en doute[3].
Regardez-moi bien en face,
pour savoir si je ressemble bien à Trantris.
Mettez le tris devant le tran
Et vous y trouverez Tristan[4].
J'ai fait des bonds et lancé des joncs
et dolé des bâtons dans une source[5].
J'ai vécu de racines dans les bois,
et tenu une reine entre mes bras.
Et je peux continuer, si je m'en donne la peine.
— Et tu peux te taire[6], seigneur Picolet ! »
Yseut, gagnée par la honte, ajouta :
« Ici tu peux bien arrêter toute l'histoire[7].
Cela me déplaît, ce que tu as dit.
Maintenant, trêve de plaisanterie.
— Que m'importe votre déplaisir !

Jo ne duray une pugase. »
Dunt dytrent tut li jevalers :
« Ne fu baer, ne fu tenger ! »
Tristran parole cum il veyt,
Et munt amey Hysout.
« O rei, dit tut an oyaunt,
remembret ws de un pur grant,
Kant a bois jacer alates ?
Dormant asembles nu trovates
desut le feyy detendu,
entre nus duos ert mun branc nu.
Semblant fesay de dormire…

Je m'en soucie comme d'une guigne[1]. »
Alors tous les chevaliers s'écrient :
« Au fou ne t'arrête ni ne te querelle. »
Tristan parle sans retenue,
il aimait passionnément Yseut.
« Ô roi, dit-il devant tous,
souvenez-vous de cette grande frayeur,
quand vous êtes allé chasser dans le bois[2] ?
Vous nous avez trouvés endormis ensemble,
étendus sous la feuillée,
entre nous deux il y avait mon épée nue.
Je faisais semblant de dormir…

DOSSIER

CHRONOLOGIE

La datation des œuvres médiévales des XIIe et XIIIe siècles est difficile à établir précisément et reste parfois hypothétique. Cette chronologie se propose d'insérer les *Folies* dans leur contexte historique et littéraire, et de les dater relativement aux principaux textes de la légende contenant des épisodes auxquels font allusion nos deux poèmes. Dans la chronologie des œuvres littéraires, nous avons retenu les œuvres susceptibles d'éclairer le contexte culturel de rédaction des premiers textes français de la légende de Tristan et Yseut, ainsi que celles qui présentent un épisode de folie ou un personnage de fou. Dans ce dernier cas, nous avons fait précéder le titre de l'œuvre d'un astérisque. À partir du XIIIe siècle, nous n'avons mentionné que les versions plus tardives de la légende. Cette chronologie est redevable de celle établie par Christiane Marchello-Nizia dans *Tristan et Yseut. Les premières versions européennes*, Gallimard, « Bibliothèque de la Pléiade », 1995, p. XLV-XLIX.

Événements	**Date**	**Œuvres littéraires**
	Vers 800	Première apparition d'un récit celtique à l'origine d'une version commune de l'histoire de Tristan et Yseut.

Première croisade. Prise d'Antioche et de Jérusalem.	1095-1099	
Henri Ier Beauclerc, roi d'Angleterre.	1100	
	1115-1168	Premières attestations des prénoms Tristan et Yseut.
Étienne de Blois, roi d'Angleterre.	1135	Poèmes de Cercamon, troubadour gascon, chez qui apparaît le thème des amours de Tristan et Yseut.
Louis, fils du roi de France Louis VI, épouse Aliénor d'Aquitaine, petite-fille du troubadour Guillaume IX, duc d'Aquitaine, puis succède à son père sous le nom de Louis VII.	1137	
	1138	*Historia regum Britanniæ* de Geoffroi de Monmouth.
	Vers 1140	Bernard de Ventadour, troubadour limousin, mentionne l'histoire de Tristan et Yseut.
Deuxième croisade : le roi de France part avec Aliénor, son épouse, en Terre sainte.	1147 -1150	
	1148-1155	**Vita Merlini* de Geoffroi de Monmouth.

	Vers 1150	Une version ancienne de la légende de Tristan et Yseut, l'*Estoire,* circule oralement et par écrit.
Aliénor, répudiée par Louis VII, épouse Henri Plantagenêt.	1152	
Henri Plantagenêt devient roi d'Angleterre sous le nom de Henri II.	1154	
	1154-1155	*Le Roman de Thèbes.*
	1155	Wace, **Le Roman de Brut,* adaptation de l'ouvrage de Geoffroi de Monmouth.
	1156	*Le Roman d'Énéas*.
	1160	*Le Roman d'Alexandre* (version décasyllabique). Wace, *Le Roman de Rou*.
	1160-1170	*Le Roman de Troie* de Benoît de Sainte-Maure.
	1160-1180	*Lais* de Marie de France, parmi lesquels le *Lai du Chèvrefeuille* (vers 1165 ?).
	1169-1170	Chrétien de Troyes, *Érec et Énide*.
	1170	Eilhart d'Oberg, **Tristrant*.

	1170-1173	*Tristan et Yseut* de Thomas.
	1170-1175	*Le Roman de Renart,* Branches II et Va (premières branches).
Aliénor d'Aquitaine, ayant soutenu ses fils contre leur père Henri II Plantagenêt, est arrêtée. Elle est retenue prisonnière d'abord à Chinon, puis en Angleterre pendant une douzaine d'années.	1173	
	1176	**Cligès* de Chrétien de Troyes.
	1179	*Le Roman de Renart* (Branche I).
Avènement de Philippe Auguste au trône de France.	1180	*Tristan* de Béroul. Autour de cette date, **Ipomédon* par Hue de Rotelande.
	1181	Fin de la rédaction par Chrétien de Troyes des deux romans commencés après 1176 : **Yvain ou le Chevalier au Lion, Lancelot ou le Chevalier de la Charrette.*
	1181-1190	Rédaction de **Perceval ou le Conte du Graal* par Chrétien de Troyes. André le Chapelain compose son traité d'amour courtois :

		De arte honeste amandi ou *De amore*.
	Vers 1185	**Protheselaus* par Hue de Rotelande.
Mort d'Henri II Plantagenêt ; son fils, Richard Cœur de Lion, lui succède.	1189	
	1189-1190	*Le Roman d'Alexandre* d'Alexandre de Paris.
Début de la troisième croisade, à laquelle participent Philippe Auguste et Richard Cœur de Lion.	1190	
Mort de Richard Cœur de Lion ; son frère, Jean sans Terre, lui succède.	1199	
	Fin XIIe ou début XIIIe siècle	Les **Folies Tristan* d'Oxford et de Berne ; **Amadas et Ydoine* (1190-1220) ; le roman de **Robert le Diable* ; **Aucassin et Nicolette* (XI).
	1200-1210	*Tristan et Isolde* de Gottfried de Strasbourg.
Mort d'Aliénor d'Aquitaine ; Philippe Auguste conquiert la Normandie, l'Anjou et le Maine.	1204	

	1210-1230	**Les Miracles de Notre-Dame*, I, 37 (*D'un escommenié*), par Gautier de Coincy ; *Vie des Pères*, Conte n° 10 (*Fou*) et Conte n° 35 (*Ivresse*).
	1215-1230	**Lancelot en prose.*
En Norvège, règne de Hákon Hákonarson, commanditaire de la traduction en vieux norrois de nombreux récits courtois.	1217-1263	
En France, avènement de Louis VIII.	1223	
Louis IX succède à son père Louis VIII sur le trône de France.	1226	À la demande du roi de Norvège, Frère Robert traduit en norrois *La Saga de Tristram et d'Ísönd*.
	1230-1235	Les premiers **Tristan en prose*. *Continuation* par Ulrich de Türheim du *Tristan et Isolde* de Gottfried de Strasbourg.
	1230-1240	**Guiron le Courtois.*
Louis IX meurt à Tunis.	1270	
	1276	**Le Jeu de la feuillée* par Adam de la Halle.
	1283-1285	**Cleomadès* par Adenet le Roi ; **Meliacin* par Girart d'Amiens ; **Le Livre*

	d'Evast et Blaquerne par Raymond Lulle.
1290-1300	**Continuation* par Heinrich de Freiberg du *Tristan et Isolde* de Gottfried de Strasbourg.
Entre 1294 et 1330	*Sire Tristrem.*
Après 1325	*La Tavola Ritonda.*
Après 1350	**Ysaïe le Triste.*

NOTICE SUR LA LÉGENDE DE TRISTAN ET YSEUT

Récits brefs, les *Folies Tristan* contiennent de nombreuses allusions, parfois obscures, à des épisodes de la légende de Tristan et Yseut ; il est donc permis de supposer cette dernière bien connue du public médiéval. Or, même si l'histoire des amants de Cornouailles a traversé les siècles, les aventures foisonnantes qui la constituent ont pu sombrer partiellement dans l'oubli. Il nous a donc semblé nécessaire de les rappeler brièvement à la suite d'une présentation de la tradition textuelle qui nous en a transmis le récit. Nous situerons enfin les *Folies* dans l'ensemble des premiers textes de la légende, en vue d'éclairer le rapport génétique entre ces deux poèmes.

LES PREMIERS TEXTES FRANÇAIS DE LA LÉGENDE ET SA DIFFUSION EUROPÉENNE

Née probablement en Grande-Bretagne, la légende de Tristan et Yseut a tout d'abord été véhiculée oralement, en Angleterre et en France, par l'intermédiaire de bardes et de jongleurs ; sur le continent, elle aurait été connue grâce à un conteur breton, nommé Bréri, qui aurait vécu en Angleterre au XIIe siècle[1]. C'est à partir de cette époque que sont écrits en ancien français les premiers textes de la légende. Il nous reste essentiellement deux romans, composés en octosyllabes à rimes plates, l'un par Thomas d'Angleterre entre 1170 et 1173, et l'autre par Béroul, sans doute vers 1181.

Du roman de Béroul, nous n'avons conservé qu'environ 4500 vers, dans un unique manuscrit mutilé, amputé du début et de la fin. Le *Tristan* de Béroul est centré sur les difficultés que rencontrent Tristan et Yseut, en butte à leurs ennemis, à la cour du roi Marc, et les ruses qu'ils inventent pour se retrouver. Pris en flagrant délit, les amants sont obligés de fuir dans la forêt du Morroi, où ils vivent comme des parias dans une cabane de feuillage. Lorsque au bout de trois ans se dissipe l'effet du philtre d'amour bu par les amants, Tristan remet Yseut au roi Marc. Mais leur amour ne cesse pas pour autant. Le manuscrit s'achève brutalement sur leur rencontre furtive et la vengeance de Tristan sur ses ennemis.

Du roman de Thomas d'Angleterre, il nous est parvenu environ 3200 vers répartis en six fragments, dispersés dans des manuscrits différents, eux-mêmes conservés dans diverses bibliothèques européennes. Tout le début en est perdu, qui racontait l'origine, la naissance et l'enfance de Tristan, ses premiers exploits jusqu'à sa quête de l'épouse pour le roi Marc. Le premier

1. Mentionnant les versions divergentes du dénouement de la légende, Thomas d'Angleterre fait l'éloge de la version de Bréri. Voir *Tristan et Yseut*, éd. et trad. Christiane Marchello-Nizia (*Les premières versions européennes*, p. 184-185). Ce célèbre conteur gallois, cité dans plusieurs textes français ou latins de la fin du XIIe-XIIIe siècle sous la forme *Bleheri*, *Bledhericus*, aurait vécu entre 1070-1080 et 1130-1140. Il aurait récité la légende de Tristan à la cour de Poitiers, devant Guillaume IX (1070-1126) ou Guillaume X (1126-1137), contribuant ainsi à sa diffusion sur le continent. Sur ce point, voir l'article de Pierre Gallais « Bleheri, la cour de Poitiers et la diffusion des récits arthuriens sur le continent », *Journal of the International Arthurian Society*, vol. 2, n° 1, novembre 2014, p. 84-113.

fragment conservé, récemment découvert, relate le moment où Tristan et Yseut boivent le philtre d'amour en haute mer, alors que Tristan ramène la jeune fille en Cornouailles pour épouser le roi Marc. Les autres fragments contiennent des épisodes qui se situent tous après ceux rapportés par Béroul. Mis bout à bout, ils constituent la fin de l'histoire des amants. Le roman de Thomas, tel qu'il nous est parvenu, raconte donc l'exil de Tristan, son mariage avec Yseut aux Blanches Mains, enfin la mort des deux amants. Dans ce roman, le philtre n'a pas de durée limitée, et il est un symbole d'amour et de mort plus qu'une contrainte magique. Le style de Thomas est surtout caractérisé par l'analyse poétique des sentiments, tels que la jalousie et le désespoir amoureux. À côté de ces romans, il existe en ancien français trois récits brefs, composés en octosyllabes à rimes plates, à la fin du XIIe siècle : le *Lai du Chèvrefeuille* écrit par Marie de France et les deux *Folies*, qui tous se concentrent sur une seule aventure et relatent une rencontre furtive des amants dont les romans français ne gardent pas la trace.

Pour connaître les épisodes de la légende qui manquent dans les récits français, et auxquels font allusion les *Folies*, il est donc nécessaire de se reporter aux récits européens, composés dès le Moyen Âge, qui nous offrent la biographie complète de Tristan. Nous disposons ainsi du roman d'Eilhart d'Oberg, écrit en moyen haut allemand (entre 1170 et 1190), qui suit la version donnée par Béroul et restitue comme lui une élaboration plus ancienne de la légende appelée « version commune », et d'une saga en vieux norrois, *La Saga de Tristram et d'Ísönd*, composée à la demande du roi de Norvège, vers 1226, par un moine nommé Frère Robert. Adaptation du roman de Thomas, elle constitue avec lui, ainsi qu'avec une version anglaise, *Sire Tristrem* (XIVe siècle), et un roman en moyen haut allemand écrit par Gottfried de Strasbourg (premier tiers du XIIIe siècle), et laissé inachevé, la « version courtoise » de la légende, ainsi appelée en raison de l'influence de l'idéal de courtoisie et de *fin'amor*, qui, venu du Midi, s'est répandu dans la littérature du nord de la France durant la seconde moitié du XIIe siècle.

UNE BIOGRAPHIE HÉROÏQUE, UNE LÉGENDE D'AMOUR

Fondée sur la biographie de Tristan, la légende débute par le conte de sa naissance extraordinaire et de ses merveilleux exploits d'essence folklorique ou mythique. Toutefois, dès lors que le héros est lié à Yseut par le charme du philtre d'amour, le récit s'écarte d'un simple parcours héroïque pour devenir l'histoire légendaire de deux amants voués à la mort par leur passion fatale.

Première partie : de la naissance de Tristan jusqu'à l'absorption du philtre d'amour

Tristan est conçu hors mariage par Rivalin, roi de Léonois ou de Parménie ou d'Ermenie, et Blanchefleur, sœur du roi Marc. La mère de Tristan, ayant appris la mort de Rivalin, expire à la naissance de son fils. Selon les auteurs médiévaux, les circonstances tragiques de sa venue au monde expliquent son nom, *Tristan* signifiant « *triste hom* ». Il est éduqué par le fidèle sénéchal de son père, mais, enlevé par des marchands norvégiens alors qu'il est un tout jeune adolescent, puis relâché, il arrive dans le royaume de son oncle. Là, il se distingue par ses merveilleuses qualités et se fait reconnaître par le roi Marc, qui lui sert de père de substitution. Un chevalier géant, le Morholt, frère de la reine d'Irlande, vient réclamer un tribut de jeunes gens et de jeunes filles au royaume de Marc. Tristan le vainc au combat, mais un fragment de son épée reste dans la tête du Morholt, tandis que lui-même reçoit une blessure empoisonnée, qui le fait dépérir. Le Morholt lui ayant révélé que seule sa sœur peut le guérir, il se rend incognito en Irlande où il est soigné par la reine et par sa fille Yseut la Blonde, à qui il apprend son art musical. C'est le premier voyage en Irlande de Tristan.

Une fois guéri, il retourne en Cornouailles, auprès du roi Marc. Jaloux de l'affection du roi pour Tristan, les barons conseillent instamment à Marc de se marier. Selon la version d'Eilhart d'Oberg, pour éluder leur demande pressante, Marc déclare accepter d'épouser la jeune fille à qui appartient le cheveu d'or que deux hirondelles, entrées par une fenêtre, se disputent et laissent tomber. Or seule Yseut a de si beaux cheveux. Tristan part alors en quête de cette princesse pour le compte de son oncle.

Déguisé en marchand et sous le pseudonyme de Tantris, le héros accomplit son second voyage en Irlande. Là, il vainc le dragon qui ravage le pays, mais il est empoisonné par sa langue qu'il a glissée dans sa botte comme preuve de son exploit. Un sénéchal, prétendant d'Yseut, s'arroge l'exploit du héros, alors évanoui, en produisant comme preuve la tête du dragon. La reine et sa fille découvrent Tristan et le soignent à nouveau, mais alors qu'il prend un bain, Yseut reconnaît, dans l'ébréchure de son épée, la place du fragment trouvé dans la tête du Morholt. Prête à se venger, elle renonce à son projet en échange de son aide pour évincer le sénéchal qui prétend l'épouser. Vainqueur de ce dernier, Tristan a conquis la main de la princesse pour le roi Marc.

Deuxième partie : de l'absorption du philtre à la mort des amants

La reine d'Irlande a confié à Brangien, la fidèle suivante d'Yseut, un philtre d'amour destiné aux deux époux, le soir des noces. Durant la traversée vers les Cornouailles, accablé de chaleur, Tristan demande à boire. Par erreur, le *vin herbé* lui est apporté, boisson qu'il partage avec Yseut. Dès lors, saisis d'un désir irrépressible, les deux jeunes gens s'avouent leur amour et s'unissent. À Tintagel, Tristan et Yseut convainquent Brangien de prendre la place de la reine, qui n'est plus vierge, dans le lit du roi Marc le soir des noces. Ce stratagème est le premier de la longue liste des ruses auxquelles recourent les amants pour se rencontrer en dépit de la surveillance incessante dont ils font l'objet de la part des envieux à la cour du roi Marc : le sénéchal Mariadoc, le nain Frocin et des barons jaloux de Tristan. Parmi les pièges qui leur sont tendus, celui de la fleur de farine a des conséquences décisives. Le nain Frocin a répandu de la farine entre le lit de Tristan et celui de la reine, espérant y trouver l'empreinte des pas de Tristan entre les deux lits. Pour éviter le piège, Tristan saute dans le lit de la reine et y laisse sans le savoir des gouttes de sang tombées d'une blessure mal cicatrisée. Convaincus d'adultère, sans avoir été réellement pris en flagrant délit, Tristan est condamné au bûcher, mais parvient à s'échapper en sautant de la verrière d'une chapelle, tandis qu'Yseut est livrée aux lépreux. Mais Tristan la libère avec l'aide de son maître Governal et l'emmène dans la forêt du Morroi. Pourchassés par le roi, les amants y mènent une vie misérable, se nourrissant du gibier que capture Tristan avec son chien Husdent qui les a rejoints dans la forêt. Dans la tradition des textes adaptés du roman de Thomas, cet exil dans la forêt est montré sous un jour plus idyllique, les amants trouvant refuge dans une belle grotte, nommée « la grotte des amants ». Dans la forêt, Tristan et Yseut rencontrent l'ermite Ogrin qui leur apporte son aide spirituelle. Un jour, sur une dénonciation, Marc les découvre endormis, leurs corps vêtus, séparés par une épée. À ce spectacle, il décide de les épargner et de leur accorder son pardon. Dans la tradition commune, représentée par Béroul, l'effet du philtre concocté pour une durée de trois ans se dissipe à ce moment, si bien qu'avec l'aide d'Ogrin, les amants décident de revenir à la cour. Dans la tradition courtoise, représentée par les adaptations de l'œuvre de Thomas, ils décident de revenir d'eux-mêmes, le philtre n'ayant pas de durée limitée. Tristan accepte de quitter le royaume, remet Yseut au roi Marc, et, selon la version de Béroul, donne à la reine son chien Husdent, tandis qu'elle-même lui fait présent d'un anneau en gage de fidélité. Mais avant cet exil, Tristan se venge de ses ennemis, revoit Yseut en cachette, qui lui demande son aide dans la mise en scène du serment ambigu qu'elle prête devant la cour et devant Dieu pour s'innocenter de l'accusation d'adultère. Lors d'une entrevue clandestine, relatée par le roman de Thomas, ils sont surpris dans un verger et Tristan doit s'enfuir. La reine lui donne un anneau qui symbolise son amour et servira de signe de reconnaissance dans la suite du récit.

Durant son exil, Tristan accomplit de nouveaux exploits, va de pays en pays, avant de se mettre au service du duc de Bretagne, dont le fils, Kaherdin, devient son ami. Séparé d'Yseut, torturé par la jalousie et la souffrance, Tristan décide d'épouser la sœur de Kaherdin en raison de sa beauté, de l'amour qu'elle lui voue et du nom qu'elle porte : Yseut aux Blanches Mains. Cependant, fidèle à Yseut la Blonde, Tristan ne peut s'unir à son épouse et le mariage ne sera jamais consommé. À ce point de l'histoire se situent des aventures retraçant un retour furtif de Tristan auprès d'Yseut qu'il approche sous divers déguisements : en pèlerin, en ménestrel, en lépreux et en fou. L'épisode relaté par les *Folies* prend place dans cette partie du récit.

Le dénouement est précipité par l'entrée en scène d'un chevalier appelé Tristan le Nain, lequel supplie le héros, surnommé Tristan l'Amoureux, de lui venir en aide : son amie a été enlevée par un chevalier qui la retient prisonnière. Dans l'assaut livré, Tristan le Nain est tué et Tristan l'Amoureux reçoit une blessure d'un épieu empoisonné. Persuadé que seule Yseut saurait le guérir de sa blessure, il envoie Kaherdin à Londres pour la supplier de revenir auprès de lui. Les deux amis conviennent d'un signal secret : si elle a accepté de suivre Kaherdin, il hissera une voile blanche, et, dans le cas contraire, une voile noire. Par malheur, Yseut aux Blanches Mains a surpris leur conversation. À Londres, Kaherdin déguisé en marchand approche la reine et la persuade de revenir auprès de Tristan. Elle quitte tout pour le sauver, mais son retour est semé d'embûches : à la tempête succède le calme plat, et le navire est retardé. Voyant sa voile blanche approcher de la côte, par jalousie et par esprit de vengeance, Yseut aux Blanches Mains ment et déclare à Tristan qu'elle est noire. Il meurt alors de désespoir et Yseut la Blonde, arrivée trop tard, expire de tendresse sur son corps privé de vie.

Les Folies *de Tristan : une origine insaisissable, une relation commune difficile à établir*

Dans la version courtoise comme dans la version commune, à partir du bannissement et de l'exil de Tristan, la légende présente plusieurs récits dans lesquels le héros fait retour auprès d'Yseut, déguisé en pénitent[1], en lépreux[2], en moine[3] ou en ménestrel[4]. Le récit de Tristan déguisé en fou a bénéficié d'un beau succès, puisqu'il a

1. Voir *Le Roman de Tristan* de Thomas : Tristan et Kaherdin font route vers l'Angleterre, déguisés en pénitents : *En penant se sunt aturnee, / Teint de vis, de dras desguisé / Que nuls ne sace lur segrei.* [Ils se sont déguisés en pénitents / se sont teint le visage et ont revêtu d'autres habits, afin que personne ne soit au courant de leur secret.] (voir *Tristan et Yseut*, éd. et trad. Christiane Marchello-Nizia, *Les premières versions européennes*, p. 183, v. 2215-2217).

2. *Ibid.*, v. 1927-1946, p. 176.

3. Voir *Tristan le Moine*, poème en moyen haut allemand, qui nous est parvenu dans deux manuscrits du XIIIe siècle, et se fondait sans doute sur un poème français perdu (éd. et trad. Danielle Buschinger, *Les premières versions européennes*, p. 1023-1058).

4. Voir, dans *Les premières versions européennes*, Gerbert de Montreuil, *La Continuation de Perceval*, éd. et trad. Christiane Marchello-Nizia, v. 3801-3917, p. 985-988. Devant Yseut qui ainsi le reconnaît, Tristan joue « le lai de Chievrefueil » (v. 4069, p. 992).

été mis en œuvre non seulement dans les deux *Folies*, mais aussi dans quatre autres textes : le roman d'Eilhart d'Oberg[1], dans deux continuations du roman de Gottfried de Strasbourg, celle d'Ulrich de Türheim[2] et celle d'Heinrich de Freiberg[3], ainsi que dans le roman de *Tristan en prose* au XIIIe siècle[4]. Comme pour beaucoup de récits médiévaux s'est posé le problème de son origine, et celui du rapport génétique entre les deux *Folies*. L'aventure de Tristan déguisé en fou figurait-elle à l'origine dans un roman primitif perdu[5], ou bien a-t-elle été imaginée par un poète qui en aurait fait le sujet d'une nouvelle indépendante, insérée par la suite dans les romans des XIIe-XIIIe siècles ? Quelle est, d'autre part, la relation entre les deux *Folies* ? Dans l'état actuel des connaissances, aucune de ces questions n'a reçu de réponse claire et définitive, en partie en raison des lacunes de la tradition manuscrite. Il est néanmoins probable que l'aventure de Tristan fou ait fait partie du roman originel, et qu'elle ait donné parallèlement naissance à un récit autonome, bénéficiant d'un certain succès, comme le laisse supposer

1. Eilhart d'Oberg, *Tristrant*, éd. et trad. René Pérennec, *Les premières versions européennes*, p. 377-381.

2. Ulrich de Türheim, *Première continuation*, éd. et trad. Danielle Buschinger, en collaboration avec Wolfgang Spiewok, *Les premières versions européennes*, p. 672-676.

3. Heinrich de Freiberg, *Deuxième continuation*, éd. et trad. Danielle Buschinger, en collaboration avec Wolfgang Spiewok, *Les premières versions européennes*, p. 755-763.

4. Voir Joseph Bédier, *Le Roman de Tristan par Thomas, poème du XIIe siècle*, Société des anciens textes français, t. II, 1905, « Les parties anciennes du roman en prose », p. 375-379. Dans le roman en prose, l'épisode de Tristan fou figure dans le manuscrit B. n. F. fr. 103, f° 374 r° – 376 v°.

5. Ni le roman de Béroul ni celui de Thomas ne comportent un tel épisode, mais il est vrai que les deux œuvres nous sont parvenues par une tradition manuscrite très mutilée. Il se peut d'autre part que Thomas ait délibérément écarté cette aventure, la dernière avant la mort des amants, si l'on en croit notamment son refus polémique du dénouement de l'histoire tel qu'il est rapporté par d'autres conteurs (v. 2261-2310, p. 184-185).

la découverte récente du fragment de Cambridge, qui suit de près la version de Berne.

En nous fondant sur le témoignage des textes, une étroite parenté entre les deux versions de la *Folie de Tristan* est tenue pour acquise. L'intrigue et l'organisation narrative sont identiques, bien qu'elles diffèrent dans le détail au dénouement. Toutefois, si l'on analyse le travail poétique de citation et de recomposition de la matière légendaire qui structure les poèmes, la différence de leur agencement formel et de leur tonalité ne manque pas d'apparaître, si bien qu'il est impossible que l'une ait servi de modèle à l'autre. Ainsi, dans Berne, les allusions aux épisodes du cycle légendaire révèlent un étroit rapport de dépendance entre ce récit et la version commune de la légende, représentée principalement par les romans de Béroul et d'Eilhart d'Oberg. Le récit d'épisodes tels que la vie âpre dans la forêt du Morroi, la loge de feuillage et le combat contre les lépreux — absents du roman de Thomas — suggère que le roman de Béroul a valeur de texte de référence pour Berne.

La version d'Oxford est quant à elle intimement liée à la version courtoise, représentée par les romans de Thomas et de Gottfried de Strasbourg. Plus particulièrement, la solidarité de cette version avec le roman de Thomas est tout à la fois matérielle, narrative et stylistique. Copiée de la même main, à la suite du roman de Thomas dans le manuscrit Douce d6 de la bibliothèque Bodléienne d'Oxford, cette *Folie* vient combler par son contenu narratif l'absence de l'épisode de Tristan fou dans le texte de Thomas[1]. De surcroît, tous les épisodes mentionnés dans Oxford figurent dans la version courtoise et, on peut le supposer, figuraient aussi dans les

1. Dans le manuscrit Douce, Oxford, Bodleian Library d6, le fragment du roman de Thomas, correspondant à la fin de l'histoire, se situe des feuillets 1 à 12 ; la *Folie* d'Oxford est copiée à partir du feuillet 12 verso, deuxième colonne, jusqu'au feuillet 19, recto, première colonne.

parties perdues du roman de Thomas[1]. Enfin, la critique a remarqué un traitement stylistique similaire de la méditation amoureuse du héros dans Thomas et Oxford. Du fait de leur rattachement à deux versions différentes de la légende, il semble donc hasardeux d'établir un rapport de filiation directe entre les deux poèmes et de considérer la *Folie* d'Oxford (998 vers) comme une version amplifiée et remaniée de celle de Berne (572 vers). En l'état actuel des connaissances, il est prudent de supposer l'indépendance des deux versions conçues à partir d'un modèle commun perdu.

1. Joseph Bédier a ainsi exploité Oxford pour reconstituer les parties perdues du roman de Thomas. Dans la préface à son édition de la *Folie* (1907), il analyse en ces termes l'analogie structurelle entre ce poème et le roman de Thomas : « Il [l'auteur d'Oxford] range à l'ordinaire les souvenirs du fou dans l'ordre même des chapitres du roman de Thomas, comme s'il avait tourné les pages d'un manuscrit de Thomas, au fur et à mesure qu'il prêtait à son héros des allusions nouvelles à ses aventures passées » (voir *Les Deux Poèmes de la Folie Tristan*, éd. Joseph Bédier, Firmin-Didot pour la Société des anciens textes français, 1907, p. 2).

ÉPISODES DE LA LÉGENDE ÉVOQUÉS DANS LES *FOLIES*

Les épisodes de la légende sont présentés dans la colonne de gauche selon l'ordre déterminé par Joseph Bédier dans la reconstitution du *Roman de Tristan* primitif[1], déduit d'après l'examen de toutes les versions de la légende, et qui ne nous est pas parvenu. Dans les colonnes suivantes est notée la référence à l'épisode dans chacune des deux *Folies*.

Épisodes de la légende	***Folie* d'Oxford**	***Folie* de Berne**
Premier voyage de Tristan en Irlande, après le combat contre le Morholt. Yseut guérit sa plaie.	v. 327-366	v. 77-83, v. 396-402
Deuxième voyage en Irlande. Quête d'Yseut pour son oncle.	v. 391-408	Le cheveu d'or (v. 420)

1. *Le Roman de Tristan par Thomas, poème du XIIe siècle*, éd. Joseph Bédier, 2 vol., Société des anciens textes français, Firmin-Didot, 1902-1905.

Combat contre le dragon. Tristan empoisonné par le venin du dragon est guéri par Yseut.	v. 416-428	v. 404-406
Scène du bain : Yseut reconnaît le meurtrier du Morholt.	v. 429-446	v. 407-423
Combat de Tristan contre le sénéchal du roi d'Irlande qui prétend avoir tué le dragon pour épouser Yseut.	v. 447-456	Guimarant (?), v. 388-391
Départ pour le royaume de Marc. Le philtre est bu en haute mer.	v. 461-476, v. 626-659	v. 172-173, v. 307-320, v. 424-439
Le harpeur d'Irlande.	v. 765-776	Gamarien (?), v. 378-381
Accusation du sénéchal Mariadoc.	v. 715-726	
Stratagème des copeaux jetés par Tristan dans le ruisselet pour avertir Yseut de sa présence.	v. 525-526, v. 784-794	v. 183
Le rendez-vous épié sous le pin.	v. 777-816	
Le nain et la fleur de farine.	v. 727-756	

Le saut de la chapelle. Yseut donnée aux lépreux est sauvée par Tristan.		v. 445-459
Exil dans la forêt du Morroi.	Grotte d'amour (v. 859-876)	v. 184-185, rencontre avec Ogrin (v. 460-463)
Husdent.	v. 873-876, v. 895-938	v. 486-492
Le roi Marc découvre les amants endormis.	v. 877-894	La hutte de feuillage (v. 194-207)
Jugement d'Yseut et serment ambigu.	v. 817-834	
Tristan donne à Yseut le chien Petit-Crû.	v. 757-762	
Le roi Marc découvre les amants dans le verger, don de l'anneau.	v. 943-956	v. 221-224, v. 527-537
Exil et voyage en Espagne de Tristan.		v. 236-237
Mariage avec la sœur de Kaherdin.		v. 239

L'examen des références à la légende permet de rattacher chacune des *Folies* à une tradition textuelle différente. Ainsi, la présentation du séjour dans la forêt rattache Oxford au roman de Thomas avec l'allusion à la grotte d'amour, et Berne au roman de Béroul où la vie dans la forêt est âpre et difficile pour les amants. La mention du chien Petit-Crû, dont l'histoire est relatée dans les versions étrangères adaptées de Thomas (la *Saga* norroise et le roman de Gottfried de Strasbourg), confirme le rattachement d'Oxford à cette tradition dite courtoise. La mention, dans la *Folie* de Berne, du conte du cheveu d'or apporté par une hirondelle, événement qui décide de la quête d'Yseut par le héros, se retrouvant dans le roman d'Eilhart d'Oberg, permet de rattacher cette *Folie* à la tradition dite commune.

De la première partie de la légende, les *Folies* retiennent des épisodes héroïques de la biographie de Tristan tels que le combat contre le Morholt et celui contre le dragon, et la scène du bain, au cours de laquelle Yseut reconnaît le meurtrier de son oncle, le Morholt. Les réminiscences de la deuxième partie de la légende se concentrent sur les ruses déployées par les amants pour se rencontrer et déjouer les pièges tendus par leurs ennemis, ainsi que sur le douloureux rapport qu'ils entretiennent avec ce tiers exclu qu'est le roi Marc.

À l'articulation de ces deux parties, l'épisode du philtre bu en haute mer fait l'objet de cinq citations en tout, deux dans Oxford et trois dans Berne, ce qui tend à prouver l'importance et la singularité du philtre d'amour pour les auteurs du Moyen Âge. Il faut noter à la suite d'Emmanuèle Baumgartner[1] que les *Folies* sont les seuls textes français du XIIe siècle à offrir une version circonstanciée, et divergente, de l'absorption du philtre, apporté par Brangien dans Berne et par un valet dans Oxford.

1. Thomas, *Le Roman de Tristan* suivi de *La Folie Tristan de Berne* et de *La Folie Tristan d'Oxford*, dir. et trad. Emmanuèle Baumgartner et Ian Short, avec les textes établis par Félix Lecoy, Champion, « Champion Classiques », 2013, p. 288.

LES DEUX TRADITIONS DE LA LÉGENDE

Version commune

— Béroul (vers 1181) : *Tristan et Yseut.*

— Eilhart d'Oberg : *Tristrant* (dernier quart XIIe siècle, moyen haut allemand).

— *La Folie de Tristan*, version de Berne (dernier tiers XIIe siècle- début XIIIe siècle).

— *La Folie de Tristan*, fragment de Cambridge (dernier tiers XIIe siècle-début XIIIe siècle).

Version courtoise

— Thomas d'Angleterre : *Tristan et Yseut* (entre 1170-1173).

— *La Folie de Tristan*, version d'Oxford (dernier tiers XIIe siècle).

— Gottfried de Strasbourg : *Tristan et Isolde* (entre 1200 et 1210 ; œuvre inachevée, moyen haut allemand).

— Ulrich de Türheim, *Première continuation* du roman de Gottfried de Strasbourg (XIIIe siècle, moyen haut allemand).

— Heinrich de Freiberg, *Deuxième continuation* du roman de Gottfried de Strasbourg (fin XIIIe siècle, moyen haut allemand).

— Frère Robert, *La Saga de Tristram et d'Ísönd* (1226, vieil islandais).

— *Sire Tristrem* (première moitié du XIVe siècle, moyen anglais).

— *La Tavola Ritonda* (« La Table ronde », deuxième quart du XIVe siècle, italien ; roman en prose inspiré du *Tristan en prose*, mais dont certains épisodes remontent au *Tristan et Yseut* de Thomas).

BIBLIOGRAPHIE

ÉDITIONS ET TRADUCTIONS

Tristan. Recueil de ce qui reste des poèmes relatifs à ses aventures composés en françois, en anglo-normand et en grec dans les XIIe *et* XIIIe *siècles*, éd. Francisque Michel, 3 vol., Londres et Paris, Tichener, 1835-1839.

BÉDIER, Joseph, *Le Roman de Tristan et Iseut*, Piazza, 1900 [rééd. jusqu'en 1965] ; édition critique par Alain Corbellari, Genève, Droz, « Textes littéraires français, 619 », 2012.

—, ARTUS, Louis, *Tristan et Iseut*, pièce en trois actes, un prologue et huit tableaux, dans *La Petite Illustration*, n° 434, Théâtre, n° 231, 1929.

—, *Le Roman de Tristan par Thomas, poème du* XIIe *siècle*, Société des anciens textes français, t. I, 1902 (texte) ; t. II, 1905 (introduction).

MARY, André, *Tristan. La merveilleuse histoire de Tristan et Iseut*, Gallimard, « Folio », 1973.

Tristan et Yseut. Les « Tristan » en vers : Tristan de Béroul, *Tristan* de Thomas, *Folie Tristan* de Berne, *Folie Tristan* d'Oxford, *Chèvrefeuille* de Marie de France, éd. et trad. Jean-Charles Payen, Garnier, « Classiques Garnier », 1980.

Tristan et Yseut. Les Poèmes français. La Saga norroise,

éd. et trad. Daniel Lacroix et Philippe Walter, Librairie générale française, « Lettres gothiques », 1989.

Tristan et Yseut. Les premières versions européennes, dir. Christiane Marchello-Nizia, éd. Régis Boyer, Danielle Buschinger, André Crépin, Mireille Demaules, René Pérennec, Daniel Poirion, Jacqueline Risset, Ian Short, Wolfgang Spiewok et Hana Voisine-Jechova, Gallimard, « Bibliothèque de la Pléiade », 1995.

QUELQUES ÉTUDES, OUVRAGES D'ENSEMBLE ET RECUEILS D'ÉTUDES SUR LA LÉGENDE

BARTEAU, Françoise, *Les Romans de Tristan et Iseut : introduction à une lecture plurielle,* Larousse, 1972.

BAUMGARTNER, Emmanuèle, *Tristan et Iseut. De la légende aux récits en vers,* PUF, « Études littéraires », 1987.

BLAKESLEE R., Merritt, *Love's Masks. Identity, Intertextuality, and Meaning in the Old French Tristan Poems,* Cambridge, D. S. Brewer, 1991.

BUSCHINGER, Danielle (éd.), *La Légende de Tristan au Moyen Âge,* Actes du colloque d'Amiens (1986), Göppingen, Kümmerle Verlag, 1982.

—, Tristan et Iseut, mythe européen et mondial, Actes du colloque d'Amiens (1986), Göppingen, Kümmerle Verlag, 1982.

CASTEL, Robert, « Le roman de la désaffiliation. À propos de Tristan et Iseut », *Le Débat,* n° 61, septembre-octobre 1990, p. 152-164.

GALLAIS, Pierre, *Genèse du roman occidental. Essais sur « Tristan et Iseut » et son modèle persan,* Tête de feuilles & Sirac, 1974.

MACHTA, Insaf, *Poétique de la ruse dans les récits tristaniens français du XIIe siècle,* Honoré Champion, « Essais sur le Moyen Âge », 48, 2010.

PAYEN, Jean-Charles, « Lancelot contre Tristan : la conjuration d'un mythe subversif (réflexion sur l'idéologie romanesque au Moyen Âge) », *Mélanges de langue et de littérature médiévales offerts à Pierre Le Gentil*, SEDES, 1973, p. 617-632.

ROUGEMONT, Denis de, *L'Amour et l'Occident*, Christian Bourgois éditeur, « 10/18 », 1972 [rééd. Plon, 1939].

SHOEPPERLE, Gertrude, *Tristan and Isolt. A Study of the Sources of the Romance*, Francfort, Baer / Londres, Nutt, 1913 [rééd. augmentée d'une bibliographie et d'un essai d'interprétation par Roger Sherman Loomis, New York, Burt Franklin, 1970].

WALTER, Philippe, « Tristan et la mélancolie. Contribution à une lecture médicale des textes en vers sur Tristan », *Actes du XIVe congrès international arthurien*, Rennes, Presses Universitaires de Rennes-2, 1985, p. 646-657.

—, *Le Gant de verre. Le mythe de Tristan et Yseut*, La Gacilly, Artus, 1990.

—, *Tristan et Yseut. Le porcher et la truie*, Imago, 2006.

—, « Éros mélancolique et amour tristanien », *Par les mots et les textes, Mélanges de langue, de littérature et d'histoire des sciences médiévales offerts à Claude Thomasset*, dir. Danièle James-Raoul et Olivier Soutet, Presses de l'Université de Paris-Sorbonne, 2005, p. 859-869.

ZINK, Michel, *Tristan et Iseut. Un remède à l'amour*, Stock, 2022.

ÉDITIONS ET TRADUCTIONS ANTÉRIEURES DES *FOLIES* (PAR ORDRE CHRONOLOGIQUE DE PUBLICATION)

Éditions et traductions antérieures de la Folie Tristan d'Oxford

Les Deux Poèmes de la Folie Tristan, éd. Joseph Bédier, Firmin-Didot pour la Société des anciens textes français, 1907, p. 1-79.

La Folie Tristan d'Oxford, éd. Ernest Hoepffner, Strasbourg, Publications de la Faculté des lettres de l'Université de Strasbourg (textes d'étude, 8), 1943.

Tristan et Yseut. Les « Tristan » en vers, éd. et trad. Jean-Charles Payen, Garnier, « Classiques Garnier », 1980, p. 265-297. Voir également notes, p. 321-323.

Tristan et Iseut. Les Poèmes français. La Saga norroise, éd. et trad. Daniel Lacroix et Philippe Walter, Librairie générale française, « Lettres gothiques », 1989, p. 229-275.

The Anglo-Norman "Folie Tristan", éd. Ian Short, Londres, Anglo-Norman Texts Society, 1993.

Les Deux Poèmes de la Folie Tristan, éd. Félix Lecoy, Champion, « Les Classiques français du Moyen Âge », 1994, p. 50-101.

La Folie de Tristan, version d'Oxford, éd. et trad. Mireille Demaules dans *Tristan et Yseut. Les premières versions européennes*, dir. Christiane Marchello-Nizia, Gallimard, « Bibliothèque de la Pléiade », 1995, p. 217-243.

Early French Tristan Poems, dir. Norris J. Lacy, éd. et trad. Samuel N. Rosenberg, Cambridge, Brewer (Arthurian Archives, 1-2), 1998, 2 vol., t. 1, p. 258-310.

Le Roman de Tristan par Thomas suivi de *La Folie Tristan de Berne* et de *La Folie Tristan d'Oxford*, éd. et trad. Emmanuèle Baumgartner et Ian Short, avec les textes édités par Félix Lecoy, Champion, 2003, p. 349-429.

Éditions et traductions de la Folie Tristan de Berne

Tristan. Recueil de ce qui reste des poèmes relatifs à ses aventures composés en françois, en anglo-normand et en grec dans les XIIe et XIIIe siècles, éd. Francisque Michel, 3 vol., t. I, Londres et Paris, Tichener, 1835-1839, p. 213-241.

« *La Folie Tristan* du manuscrit de Berne », éd. Henri Morf, *Romania*, t. 15, 1886, p. 558-574.

Les Deux Poèmes de la Folie Tristan, éd. Joseph Bédier, Firmin-Didot pour la Société des anciens textes français, 1907, p. 81-126.

La Folie Tristan de Berne, éd. Ernest Hoepffner, Strasbourg, Publications de la Faculté des lettres de l'Université de Strasbourg (textes d'étude, 3), 2e éd. revue et corrigée, 1949.

« Un fragment anglo-normand de la *Folie Tristan* de Berne », éd. Ruth J. Dean et Elspeth Kennedy, *Le Moyen Âge*, t. 79, nº 1, 1973, p. 57-72.

« On the Text of the Berne *Folie Tristan* », éd. Duncan Robertson, *Romania*, t. 98, 1977, p. 95-104.

Tristan et Yseut. Les « Tristan » en vers, éd. et trad. Jean-Charles Payen, Garnier, « Classiques Garnier », 1980, p. 247-264, et notes p. 320.

Tristan et Iseut. Les Poèmes français. La Saga norroise, éd. et trad. Daniel Lacroix et Philippe Walter, Librairie générale française, « Lettres gothiques », 1989, p. 277-305.

Les Deux Poèmes de la Folie Tristan, éd. Félix Lecoy, Champion, 1994, p. 17-49.

La Folie de Tristan, version de Berne, éd. et trad. Mireille Demaules dans *Tristan et Yseut. Les premières versions européennes*, dir. Christiane Marchello-Nizia, Gallimard, « Bibliothèque de la Pléiade », 1995, p. 245-260.

Early French Tristan Poems, dir. Norris J. Lacy, éd. et trad. Samuel N. Rosenberg, Cambridge, Brewer (Arthurian Archives, 1-2), 1998, 2 vol., t. 1, p. 222-257.

Le Roman de Tristan par Thomas suivi de *La Folie Tristan de Berne* et de *La Folie Tristan d'Oxford*, éd. et trad. Emmanuèle Baumgartner et Ian Short, avec les textes édités par Félix Lecoy, Champion, 2003, p. 299-348.

La follia di Tristano. Redazione del manoscritto di Berna, éd. Chiara CONCINA, Roma, Carocci Biblioteca medievale, 2020.

GÉNÉRALITÉS SUR LE FOU ET LA FOLIE, LEURS RÉALITÉS ET LEURS REPRÉSENTATIONS AU MOYEN ÂGE

BAKHTINE, Mikhaïl, *L'Œuvre de François Rabelais et la culture populaire au Moyen Âge et sous la Renaissance*, trad. du russe par Andrée Robel, Gallimard, « Tel », 1982 [1970].

DRAGONETTI, Roger, « Trois motifs de la lyrique courtoise confrontés avec les “Arts d'aimer” », *La Musique et les Lettres. Études de littérature médiévale*, Genève, Droz, 1986, p. 125-168.

FRITZ, Jean-Marie, *Le Discours du fou au Moyen Âge, XIIe-XIIIe siècle. Étude comparée des discours littéraire, médical, juridique et théologique de la folie*, PUF, « Perspectives littéraires », 1992.

GAIGNEBET, Claude, et LAJOUX, Jean-Dominique, *Art profane et religion populaire au Moyen Âge*, PUF, 1985.

HEERS, Jacques, *Fêtes des fous et carnavals*, Fayard, « Hachette Littératures », 1983.

HUOT, Sylvia, *Madness in Medieval French Literature, Identities Found and Lost*, Oxford, Oxford University Press, 2003.

JACOB, Robert, « Le faisceau et les grelots. Figures du banni et du fou dans l'imaginaire médiéval », *Droit et cultures*, 41, 2001, p. 65-98.

LAHARIE, Muriel, *La Folie au Moyen Âge, XIe-XIIIe siècles*, Le Léopard d'Or, 1991.

LE GOFF, Jacques, « Lévi-Strauss en Brocéliande, esquisse pour une analyse d'un roman courtois », collab. Pierre Vidal-Naquet, *Critique*, 325, juin 1974, p. 543-571 [étude reprise dans *L'Imaginaire médiéval*, Gallimard, « Bibliothèque des Histoires », 1985, p. 151-187].

LEGROS, Huguette, *La Folie dans la littérature médiévale : étude des représentations de la folie dans la littérature des XIIe, XIIIe et XIVe siècles*, Rennes, Presses Universitaires de Rennes, 2013.

LEVER, Maurice, *Le Sceptre et la Marotte. Histoire des fous de cour*, Fayard, 1983.

LOWES, John Livingston, « The Loveres Maladye of Hereos », *Modern Philology*, XI, avril 1914, p. 491-546.

MAURICE, Jean, « Réécritures narratives du discours médical sur la folie aux XIIe et XIIIe siècles », *Romania*, t. 120, n° 479-480, 2002, p. 432-448.

MÉNARD, Philippe, « Les fous dans la société médiévale. Le témoignage de la littérature au XIIe et au XIIIe siècle », *Romania*, XCVIII, n° 392, 1977, p. 433-459.

—, « Les emblèmes de la folie dans la littérature et dans l'art (XIIe-XIIIe siècles) », dans *Farai chansoneta novela : hommage à Jean-Charles Payen. Essais sur la liberté créatrice au Moyen Âge*, Caen, Centre de Publications de l'Université de Caen, 1989, p. 253-265.

—, « Folie et folie d'amour au Moyen Âge », *Les Fous d'amour au Moyen Âge, Orient-Occident,* éd. Claire Kappler et Suzanne Thiolier-Méjean, L'Harmattan, 2007, p. 23-30.

POMEL, Fabienne, « L'écho et le masque : le fou d'amour dans la logique du double et le trouble de la communication (Narcisse, Écho, Tristan, Lancelot) », *Les Fous d'amour au Moyen Âge, Orient-Occident*, *ibid.*, 2007, p. 141-152.

SÉGUY, Mireille, « Amour fou et folie d'amour dans *Le Chevalier au Lion* de Chrétien de Troyes : de la métaphore poétique au récit romanesque », *Les Fous d'amour au Moyen Âge, Orient-Occident*, *ibid.*, p. 109-123.

SILEC, Tatiana, « Le fou du roi : un hors-la-loi d'un genre particulier », *Camenulæ*, 2, juin 2008 [disponible en ligne].

TERNON, Maud, *Juger les fous au Moyen Âge : dans les tribunaux royaux en France, XIVe-XVe siècles*, PUF, « Le Nœud Gordien », 2018.

THIOLIER-MÉJEAN, Suzanne, « *Qui ama desena*, "Qui aime perd la raison". La folie d'aimer chez les troubadours », *Les Fous d'amour au Moyen Âge, Orient-Occident*, *op. cit.*, p. 31-62.

WACK, Mary Frances, *Lovesickness in the Middle Ages : The Viaticum and Its Commentaries*, Philadelphia, University of Pennsylvania Press, The Middle Ages Series, 1990.

ZINK, Michel, *L'Humiliation, le Moyen Âge et nous*, Albin Michel, 2017, p. 89-129.

ÉTUDES SUR LES *FOLIES DE TRISTAN*

ADLER, Alfred, « A Structural Comparison of the Two *Folies Tristan* », *Symposium,* VI, 2, 1952, p. 349-358.

BLAKESLEE, Merritt R., « Tristan the Trickster in the Old French Tristan Poems », *Cultura Neolatina,* XLIV, 1984, p. 167-190.

BRUSEGAN, Rosanna, « La folie de Tristan : de la loge du Morrois au palais de verre », *La Légende de Tristan au Moyen Âge,* Actes du colloque d'Amiens (16 et 17 janvier 1982), dir. Danielle Buschinger, Göppingen, Kümmerle Verlag, 1982, p. 49-59.

BURLE-ERRECADE, Élodie, « La parole troublée : mensonge et aveu dans les *Folies Tristan* », *Littératures,* 53, 2005, *Écritures médiévales. Conjointures et senefiance,* p. 77-90.

BUSCHINGER, Danielle, « Le motif du déguisement dans les œuvres médiévales allemandes des XIIe et XIIIe siècles », *Masques et déguisements dans la littérature médiévale,* dir. Marie-Louise Ollier, Montréal, Presses de l'Université de Montréal, 1988, p. 35-41.

CURTIS, Renée, « The Humble and the Cruel Tristan : A New Look at the Two Poems of the *Folie Tristan* », *Tristania,* II, 1, 1976, p. 4-11.

DE CALUWÉ, Jacques, « Dieu et l'amour dans les *Folies Tristan* », *Marche romane,* 30, 1980, p. 55-61.

DELBOUILLE, Maurice, « Le fragment de Cambridge et la genèse des *Folies Tristan* », dans *Travaux de Linguistique et de littérature,* XVI, 1, Strasbourg, 1978, p. 117-129.

EVANS, Claude, « Le personnage d'Yseut dans le *Tristan* de Béroul et les *Folies de Berne* et *d'Oxford* : une perspective inspirée par les textes irlandais et gallois », *Le Moyen Âge,* CXI, 1, 2005, p. 95-114.

FOEHR-JANSSENS, Yasmina, « Le chien et l'anneau : parcours de la reconnaissance dans les *Folies Tristan* », *Des Tristan en vers au Tristan en prose. Hommage à Emmanuèle Baumgartner,* dir. Laurence Harf-Lancner,

Laurence Mathey-Maille, Bénédicte Milland-Bove et Michelle Szkilnik, Champion, « Colloques, congrès et conférences sur le Moyen Âge, 8 », 2009, p. 273-291.

FREEMAN REGALADO, Nancy, « Tristan and Renart : Two Tricksters », *L'Esprit créateur*, Spring 1976, vol. 16, n° 1, *The Comic Spirit in Medieval France*, p. 30-38.

GAFFNEY, Phyllis, « Iseut la (Dumb) Blonde : The Portrayal of the Queen in the *Folies Tristan* », *Romania*, CXIII, n° 451-452, 1992, p. 401-420.

KJÆR, Jonna, « Le déguisement dans les *Folies Tristan* et la mort chez Thomas d'Angleterre », *Masques et déguisements dans la littérature médiévale,* dir. Marie-Louise Ollier, Montréal, Presses de l'Université de Montréal, 1988, p. 65-73.

LEGGE, Mary-Dominica, « Le problème des *Folies* aujourd'hui », *Mélanges de littérature du Moyen Âge au XX*[e] *offerts à Mademoiselle Jeanne Lods*, professeur honoraire de littérature médiévale à l'École normale supérieure de jeunes filles, par ses collègues, ses élèves et ses amis, École normale supérieure de jeunes filles, « Collection de l'École normale supérieure de jeunes filles », t. 1, 10, 1978, p. 371-377.

LUTOSŁAWSKI, Wincenty, « Les folies de Tristan », *Romania*, XV, 1886, p. 511-533.

PASTRÉ, Jean-Marc, « Les métamorphoses de Tristan », *Tristan – Tristrant, Mélanges en l'honneur de Danielle Buschinger à l'occasion de son 60*[e] *anniversaire*, éd. André Crépin et Wolfgang Spiewok, Greifswald, Reineke Verlag, 1996, p. 409-422.

PAYEN, Jean-Charles, « Tristan, "l'amans-amens" et le masque dans les *Folies* », *La Légende de Tristan au Moyen Âge*, Actes du colloque d'Amiens (16 et 17 janvier 1982), éd. Danielle Buschinger, Göppingen, Kümmerle Verlag, 1982, p. 61-68.

ROBERTSON, Duncan, « Toward an Aesthetic of the Conteur : the *Folie Tristan* Poems », *Tristania*, II, 2, 1977, p. 3-11.

SEGRE, Cesare, « Preistoria delle *Folies Tristan* », *Mediœvo romanzo*, 25, 2001, p. 165-180.

SUSLAK, Fiona, « The Relationship Between History and Fiction in the *Folie Tristan de Berne* and the *Folie Tristan d'Oxford* », *Geschichtstransformationen : Medien, Verfahren und Funktionalisierungen Historischer Rezeption*, éd. Sonja Georgi, Julia Ligner, Isabell Lammel, Cathleen Sarti et Christine Waldschmidt, Bielefeld, Transcript Verlag, « Mainzer Historische Kulturwissenschaften, 24 », 2015, p. 325-342.

Thibault-SCHAEFER, Jacqueline, « Tristan's Folly : Feigned or Real ? », *Tristania*, III, 1, 1977, p. 3-16.

—, « Towards a Poetics of the Mediaeval Tristanian Universe : A Computer-Assisted Analysis of the *Folie Tristan* Poems », *Tristania*, VI, 1, 1980, p. 3-18 ; VI, 2, 1981, p. 3-22.

—, « Specularity in the Mediaeval *Folie Tristan* Poems or Madness as Metadiscourse », *Neophilologus*, LXXVII, 3, 1993, p. 355-368.

ÉTUDES SUR LA *FOLIE DE TRISTAN* DE BERNE

ATANASSOV, Stojan, « La cohérence de la folie dans la *Folie Tristan de Berne* », *Philologia*, VIII-IX, 1981, p. 66-76.

BRUNETTI, Giuseppina, « Le anamnesi di Tristano : nota sulla *Folie Tristan* di Bern », *Francofonia : studi e ricerche sulle letterature di lingua francese*, 23, 2003, p. 109-130.

DELBOUILLE, Maurice, « Le fragment de Cambridge et la genèse des *Folies Tristan* », *Mélanges d'études romanes du Moyen Âge et de la Renaissance offerts à Monsieur Jean Rychner, Travaux de linguistique et de littérature*, Strasbourg, Klincksieck, Centre de philologie et de littératures romanes, vol. 16-1, 1978, p. 117-130.

DEMAULES, Mireille, « Picous ou l'énigme d'un nom dans la *Folie de Berne* », *Par les mots et les textes, Mélanges de langue, de littérature et d'histoire des sciences médiévales offerts à Claude Thomasset*, dir. Danièle James-Raoul et Olivier Soutet, Presses de l'Université de Paris-Sorbonne, 2005, p. 197-210.

ECKARD, Gilles, « À propos d'un passage de la *Folie Tristan de Berne* », *Mélanges d'études romanes du Moyen Âge et de la Renaissance offerts à Monsieur Jean Rychner, Travaux de linguistique et de littérature*, Strasbourg, Klincksieck, Centre de philologie et de littératures romanes, vol. 16-1, 1978, p. 161-168.

FEDRICK, Alan, « A Note on the *Folie Tristan de Berne* », *Medium Ævum*, 32, 1963, p. 125-129.

HORRENT, Jules, « La composition de la *Folie Tristan de Berne* (FB) », *Revue belge de philologie et d'histoire*, XXV, 1-2, 1946, p. 21-38.

KASPRZYK, Krystyna, « Fonction et technique du souvenir dans la *Folie Tristan* (Berne, 354) », *Études de langue et de littérature du Moyen Âge offertes à Félix Lecoy*, Champion, 1973, p. 261-270.

TELFER, J.-M., « *Picous* [*Folie Tristan de Berne,* line 156] », *French Studies,* V, I, 1951, p. 56-61.

ÉTUDES SUR LA *FOLIE DE TRISTAN* D'OXFORD

BRUCKNER, Matilda Tomaryn, « The *Folie Tristan d'Oxford* : Speaking Voice, Written Text », *Tristania*, VII, 1-2, 1981-1982, p. 47-59.

GALLONI, Paolo, « La follia di Tristano (Oxford, Bodleian Library, d6, f° 12 d – f° 19 a) », *Studi celtici*, 3, 2004, p. 261-293.

GIRARD, Robin William, « Simulation and Dissimulation in the *Folie Tristan* d'Oxford », *Neophilologus*, XCIX, 4, 2015, p. 539-552.

HAIDU, Peter, « Text, Pretextuality and Myth in the *Folie Tristan d'Oxford* », *Modern Language Notes*, LXXXVIII, 4, 1973, p. 712-717.

KUNSTMANN, Pierre, « Tel qu'en lui-même enfin : la figure de Tristan l'Amoureux dans le récit de la *Folie Tristan* d'Oxford », *La Passion des lettres. Études de littérature médiévale et québécoise en hommage à Yvan Lepage*, éd. Pierre Berthiaume et Christian Vandendorpe, Ottawa, Éditions David, « Voix savantes », 2006, p. 29-40.

MADDOX, Donald, « L'insertion intradiégétique du roman et l'exiguïté de la *Folie* », *Mouvances et jointures. Du manuscrit au texte médiéval*, éd. Milena Mikhaïlova, Orléans, Paradigme, « Medievalia », 2005, p. 67-82.

PAYEN, Jean-Charles, « Culture dominante et idéologie : la contestation idéologique au XIIe siècle (réflexions sur la *Folie d'Oxford*) », *La forme e la storia*, I, 3, 1980, p. 273-278.

—, « Le palais de verre dans la *Folie d'Oxford* : de la folie métaphorique à la folie vécue, ou le Rêve de l'île déserte à l'heure de l'exil ; notes sur l'érotique des *Tristan* », *Tristania*, V, 1980, p. 17-27.

Ressources en ligne

Les manuscrits d'Oxford et de Berne sont consultables sur Internet.

Pour une recherche bibliographique mise à jour sur les *Folies*, on se reportera au site *arlima*.

Pour une recherche sur le lexique, on se reportera à la version numérique de l'*Anglo-Norman Dictionnary*.

NOTES

Sauf mention contraire, les références aux romans de Béroul, Thomas, Eilhart, et Gottfried, à la *Saga*, ainsi qu'au *Lai du Chèvrefeuille* de Marie de France, à *Sire Tristrem* et à *La Tavola Ritonda*, seront issues de *Tristan et Yseut. Les premières versions européennes*, dir. Christiane Marchello-Nizia, Gallimard, « Bibliothèque de la Pléiade », 1995. Nous citons leurs traducteurs à leur première occurrence dans les notes.

MANUSCRIT D'OXFORD

Page 53.

1. *Son pays* : Tristan se trouve probablement en Petite-Bretagne, comme le laissent supposer les vers 31-32. Selon le roman de Gottfried, la *Saga* norroise et *Sire Tristrem* qui suivent la version de Thomas, Tristan serait originaire de l'Ermenie ou Parménie, région fictive du sud de l'Armorique.

2. La critique a souvent remarqué des similitudes entre le style des passages méditatifs du roman de Thomas et celui de ce long prologue de la *Folie* d'Oxford. On note en effet le même goût pour les figures de répétition qui confèrent une tonalité lyrique à ce passage, et une scansion propre à évoquer le ressassement amoureux. Voir

en particulier l'usage de l'anadiplose, des vers 4 à 10, des expressions *cunfort lu estot* et *melz volt murir.*

Page 55.

1. Le déguisement est préparé par une recherche d'un incognito protecteur. Tristan abandonne dans un premier temps son statut chevaleresque et se dépouille de tous les attributs de la puissance sociale. Il rejoint progressivement la catégorie des exclus. Sur la signification des renoncements de Tristan à toute appartenance sociale, voir Robert Castel, « Le roman de la désaffiliation. À propos de Tristan et Iseut », *Le Débat*, nº 61, 1990, p. 152-164.

Page 57.

1. *On se préserve [...] de l'infortune* : selon la plupart des éditeurs, la forme *encursist* pose difficulté. Joseph Bédier corrige en *n'en avenist* (voir *La Folie Tristan d'Oxford*, p. 17, v. 52, dans *Les Deux Poèmes de la Folie Tristan*, Firmin-Didot, 1907), et Ernest Hoepffner en *ne l'en sursist* (*La Folie Tristan d'Oxford*, Publications de la Faculté des lettres de Strasbourg (textes d'étude, 8), 1943, p. 49, v. 52). Selon Félix Lecoy, il pourrait s'agir d'une forme d'*encorre, encorir* au sens de « subir un dommage » (*Les Deux Poèmes de la Folie Tristan*, Champion, 1994, p. 88). Cette forme de subjonctif imparfait n'est cependant pas attestée et paraît suspecte.

Page 61.

1. *Des géants l'avaient édifiée* : allusion à une légende rapportée dans *Le Roman de Brut* de Wace (1155) selon laquelle les premiers habitants de la Grande-Bretagne auraient été des géants que des Troyens en exil et leur chef Brutus, descendant d'Énée, auraient exterminés (sur ce point, voir *Le Roman de Brut* de Robert Wace, éd. Ivor Arnold, 2 vol., Société des anciens textes français, 1938-1940 ; en particulier t. I, v. 1063-1080). Cet épisode légendaire, lié au temps de la fondation du royaume d'Angleterre, est également relaté dans un texte anglo-normand intitulé *Des*

grantz geanz, qui fut composé au XIIIe siècle, ou peut-être au début du XIVe siècle. Voir *Des grantz geanz*, éd. Georgine Elizabeth Brereton, Oxford, 1937 ; trad. Danielle Régnier-Bohler, dans *Le Cœur mangé*, Stock, 1979, p. 281-292.

2. Les vers 94-124 sont fondés sur des lieux communs de la description de la ville tels qu'ils apparaissent dans les premiers romans du XIIe siècle, et en particulier dans les romans antiques. Le texte porterait notamment la trace de l'influence du *Roman de Brut* de Wace (1155), du *Roman d'Énéas* (vers 1156) et du *Roman de Troie* (vers 1160-1170) de Benoît de Sainte-Maure. Les villes y sont décrites comme des citadelles imprenables dont les murailles présentent un contraste ornemental de couleurs, avec une disposition en damier de blocs de pierre alternativement blancs, bleus et rouges. Dans *Le Roman de Brut*, la description des abords fertiles de Carlion, une des capitales du roi Arthur, a probablement servi de modèle pour celle des alentours de Tintagel (*op. cit.*, t. II, v. 10217-10220).

Page 63.

1. *C'est ce qu'assurent les gens de la région* : l'auteur rapporte ici une légende à propos du château de Tintagel en précisant qu'il la doit à une tradition orale (« les paysans », « les gens de la région »). Tintagel devient ici une forteresse féerique qui disparaît probablement aux deux solstices (voir à ce sujet Philippe Walter, *Le Gant de verre. Le mythe de Tristan et Yseut*, La Gacilly, Artus, 1990, p. 208).

2. Dans le *Lai du Chèvrefeuille*, Marie de France a exploité une situation narrative analogue pour amener la rencontre entre les amants. Voir le *Lai du Chèvrefeuille*, éd. et trad. Mireille Demaules, Gallimard, Bibliothèque de la Pléiade, p. 214, v. 35-46.

Page 65.

1. *Votre amour me rend fou* : il existe deux verbes *afoler* en ancien français, distincts par l'étymologie. L'un, dérivé de *foler, fouler* < *fullare*, signifie « tourmenter », « blesser », « supplicier » ; l'autre, dérivé de *fol* < *follem*, a pour

sens « rendre insensé », « faire perdre la raison », « rendre fou ». Le poème (v. 175) tire de puissants effets de sens d'une homonymie impossible à transposer en français moderne. De même que dans Berne (v. 99 et 123) le déguisement en fou semble motivé et annoncé par une expérience de la douleur.

2. *Tel me jugera idiot [...] plus fou que moi* : J. Morawski a relevé cet énoncé proverbial, sous une forme voisine, dans un manuscrit anglo-normand du XIVe siècle : *Tel quyde estre sage qy est fous* (manuscrit Cheltenham, bibliothèque Phillipps, 8336, aujourd'hui British Library, Add. 46919, f° 104 r. n° 23 ; voir Joseph Morawski, « Proverbes français tirés de trois recueils anglo-normands », *Zeitschrift für romanische Philologie*, t. LVI, 1936, p. 419-439). L'idée est reprise dans Berne : *Plus fol de moi vait a cheval* (p. 148, v. 277). Le retournement du fou en sage et des sages en fous est commun dans la littérature morale et didactique. Il s'inspire du Nouveau Testament, en particulier de la première Épitre aux Corinthiens de Paul (I, Cor. 1, 18-25 ; 2, 14 ; 3, 18-23 ; 4, 10). La religion chrétienne, considérée comme folie aux yeux des religions juive et païenne, y est représentée comme la sagesse véritable. À l'inverse, la prétendue sagesse du monde, celle des philosophes antiques, qui s'érige en norme unique et suffisante, est folie aux yeux de Dieu. Si la société est tombée dans l'erreur, alors le fou, par sa marginalité et sa solitude, devient l'image de la raison.

Page 67.

1. Le *giron* étant un pan de vêtement allant de la ceinture aux genoux, il s'agit d'une tunique courte qui s'arrête aux hanches et ne cache pas les genoux. Traditionnellement, dans l'iconographie médiévale, le fou est revêtu d'un manteau court à capuche, laquelle annonce le coqueluchon à grelots et oreilles d'âne, qui deviendra sa coiffure emblématique.

2. *Une tonsure en forme de croix* : les chirurgiens-barbiers rasaient la chevelure des fous, parfois en croix, croyant ainsi « aérer la tête » et réduire l'afflux d'humeur

noire. Sur les attributs du fou, voir Berne, p. 139, n. 1. On se reportera sur ce sujet à Jean-Marie Fritz, *Le Discours du fou au Moyen Âge, XIIe-XIIIe siècle. Étude comparée des discours littéraire, médical, juridique et théologique de la folie*, PUF, 1992, chap. II, p. 37-61 ; en particulier, pour la signification de la tonsure, p. 39-44.

3. Non mentionnée dans Berne, cette métamorphose de la *voix* jouera un rôle essentiel au dénouement.

4. *Son teint [...] brunit* : l'idée de la plante qui brunit le teint de Tristan est empruntée à la description du déguisement en lépreux dans le roman de Thomas (p. 176, v. 1932-1936) : *Par un herbe tut les deceit, / Sun vis em fait tut eslever, / Cum se malade fust, emfler. / Pur sei seürement covrir, / Ses pez e sé mains fait vertir.* [Grâce à une herbe, il parvient à tromper tout le monde / son visage devient tout enflé et tuméfié / comme s'il était lépreux / Pour mieux se dissimuler / il contorsionne ses mains et ses pieds.]

Page 69.

1. Le ton irrévérencieux du passage sur les noces de l'*abbé du Mont* rappelle la poésie satirique des Goliards, sorte de clercs vagants qui, dans leurs chansons, dirigeaient de violentes critiques contre le pape, les évêques et les moines. On pense également aux cérémonies burlesques de la fête des Fous qui avaient lieu durant l'octave de la Noël : les membres du bas clergé, portant parfois des vêtements sacerdotaux déchirés, célébraient dans les églises des messes bouffonnes. Des spectacles publics et des farandoles avaient lieu aussi à cette occasion. Ces rituels carnavalesques tournaient en dérision le haut clergé, dont était dénoncée la dissolution des mœurs. L'exploitation satirique du personnage du fou et de l'allégorie de la folie, qui permet de faire une satire mordante de la société, et en particulier du clergé, culminera au XVe siècle, avec *La Nef des fous* de Sébastien Brant (1494), et au XVIe siècle, avec l'*Éloge de la folie* d'Érasme (1509-1511). Le mont dont il est question aux vers 230 et 235 est sans doute le Mont-Saint-Michel de Normandie, mais il pourrait s'agir aussi du Mont-Saint-Michel de Cornouailles où se rend l'ermite

Ogrin dans le roman de Béroul (*Tristan et Yseut*, éd. et trad. Daniel Poirion, p. 75, v. 2733).

2. Joseph Bédier a identifié *Bel Encumbre*, v. 239, avec la commune de *Bellencombre* en Seine-Maritime ; mais il pourrait s'agir d'un toponyme de fantaisie.

3. *Urgan le Velu* est le nom d'un géant, voleur de bétail, tué par Tristan dans le roman de Gottfried et dans la *Saga* (Gottfried de Strasbourg, *Tristan et Isolde,* trad. Danielle Buschinger en collaboration avec Wolfram Spiewok, p. 589-594 ; Frère Robert, *La Saga de Tristram et d'Ísönd,* trad. Régis Boyer, chap. LXII, p. 872-875). Sur la mythologie de ce personnage, on se reportera à Philippe Walter, *Le Gant de verre*, *op. cit.*, chap. VII, « Urgan l'ogre », p. 187-212.

Page 71.

1. La folie du héros s'apparente à un ensauvagement. En effet, la pilosité excessive ainsi que la massue, dont le bâton de Tristan (v. 221-222) est une forme euphémisée, sont des attributs de l'homme sauvage, tel qu'il apparaît au Moyen Âge dans la littérature, mais aussi dans les miniatures ou les sculptures. Pour une analyse de ce mythe et de son iconographie, on se reportera à Claude Gaignebet et Jean-Dominique Lajoux, *Art profane et religion populaire au Moyen Âge*, PUF, 1985, p. 120-136.

2. *Des jeunes gens [...] le huent comme s'il était un loup* : cette proposition comparative est d'interprétation délicate. Le mot *lu* est probablement une forme anglo-normande de *loup*, *lou*, *leu*, que l'on trouve aussi au vers 506. *Fet* étant le participe passé du verbe *faire*, cette fin de vers signifierait-elle « comme un homme transformé en loup », c'est-à-dire « comme un loup-garou », ou bien « comme un homme déguisé en loup » ? La procession infamante des jeunes gens crée une atmosphère de charivari autour du fou, ainsi exclu du groupe. Le poème tisse un réseau d'associations symboliques entre la figure du fou, celle du loup et implicitement celle du banni. En effet, dans les coutumes médiévales, en signe de son exclusion, le proscrit était symboliquement animalisé

en loup, comme le montre l'article de Robert Jacob, « Le faisceau et les grelots. Figures du banni et du fou dans l'imaginaire médiéval » (*Droit et cultures,* 41, 2001, p. 65-98, et plus particulièrement p. 75-80). Selon les sources juridiques anglaises rédigées entre le XIIe et le début du XIVe siècle, le banni est décrété « tête de loup », car il est permis à chacun de le tuer pour le prix d'un loup. Comme la *Folie* de Berne, la *Folie* d'Oxford souligne le lien symbolique entre le déguisement en fou et le bannissement qui frappe Tristan.

3. *Jeter de la boue* : le verbe *arochier, arocher* signifie « lancer », « jeter des pierres », puis par extension « lancer n'importe quel projectile ». Le mot *buis* fait difficulté. Emmanuèle Baumgartner corrige *De buis* en *depuis* au sens de « ensuite ». Nous faisons l'hypothèse qu'il s'agit d'une altération du mot *boe, boue,* car le fait de lancer de la boue sur un banni ou un condamné est un geste d'avilissement qui accompagne son rituel d'expulsion et son chemin de honte dans la ville.

4. Le vers 256 est irrémédiablement corrompu. La traduction repose sur l'interprétation de *gacte* ou *gatte* comme une forme altérée de « jeter » issu du latin *jactare.*

Page 73.

1. La naissance et l'enfance de Tristan semblent relever d'un pur jeu poétique où les invraisemblances et les absurdités s'allient dans un éblouissant délire verbal : enfant sauvage, animaux fabuleux, sirène, antre et rocher protecteurs, tous ces motifs étranges sont juxtaposés de manière énigmatique pour suggérer une complicité entre la nature et le héros au merveilleux destin. Ce récit reproduit de manière voilée les circonstances de la naissance de Tristan, son adoption et son enfance d'orphelin. Derrière l'apparente incohérence, on discerne également des images, des figures ou des motifs mythiques bien connus des clercs. — *Ma mère était une baleine / elle vivait dans la mer comme une sirène* : si l'on retrouve le souvenir de la fable de Jonas, avalé par un gros poisson durant trois jours et trois nuits (Jonas, II, 1-11), on

reconnaît aussi, de manière déguisée, le motif de l'enfant de la sirène, fréquent dans l'iconographie et la littérature médiévales. En effet, la sirène-poisson est une créature fabuleuse, maîtresse des eaux et de la fécondité, que les sculpteurs se plaisaient à représenter sur les chapiteaux ou dans les voussures des tympans et que les enlumineurs aimaient à peindre dans les *marginalia* des manuscrits. Apparaît ainsi dès le XIIe siècle le thème iconographique de la sirène maternelle aux seins tétés par un animal, un siréneau ou un enfant. La poésie n'ignore pas ce thème, comme l'atteste au XIIIe siècle une chanson célébrant le renouveau printanier que l'on appelle une « reverdie ». Dans cette pièce lyrique dont le premier vers fait office de titre : *Volez vous que je vous chant*, une créature féerique, parée de fleurs et de feuillages, révèle à son admirateur qu'elle est fille d'une sirène et d'un rossignol (*La Lyrique française au Moyen Âge*, éd. Pierre Bec, Picard, vol. 2, 1978, p. 59-60, v. 31-36) : *Li rosignous est mon père / Qui chante seur la ramee / El plus haut boscage. / La seraine, ele est ma mere, / Qui chante en la mer salee / El plus haut rivage.* [Mon père est le rossignol qui chante parmi la ramée, sur la plus haute branche. Ma mère, c'est la sirène qui chante en la mer salée, sur le plus haut rivage.] Sur la sirène et ses avatars au Moyen Âge, on consultera l'ouvrage de Françoise Clier-Colombani, *La Fée Mélusine au Moyen Âge*, Le Léopard d'Or, 1991, « Images, mythes et symboles », p. 99-105. — *Une grande tigresse m'a allaité* : sans doute est-ce un souvenir d'un passage du livre IV de l'*Énéide* de Virgile. Lors de son dernier entretien avec Énée, Didon lui reproche en ces termes la cruauté de son cœur : « Non, une déesse n'est pas ta mère et Dardanus n'est pas l'auteur de ta race, perfide, mais du chaos de ses roches le dur Caucase t'a engendré et les tigresses d'Hyrcanie t'ont donné leur lait » (éd. et trad. Jacques Perret, Les Belles Lettres, t. I, p. 124, v. 365-367). À la poésie virgilienne, l'auteur a emprunté l'image de l'enfant perdu dans un paysage rocheux, nourri et protégé par les animaux les plus féroces. Mais, au-delà d'un emprunt peut-être légèrement parodique (Tristan revient auprès d'Yseut, alors qu'Énée s'apprête à abandonner Didon), il faut voir dans ce passage la reprise d'un thème mythologique fréquent : celui de l'éducation sauvage, privilège des héros de sang royal, promis aux plus hautes destinées. Citons par exemple Pâris, qui fut exposé et nourri pendant cinq jours par une ourse, ou encore Romulus et Rémus allaités par une louve. Le lait des bêtes sauvages a ainsi pour vertu de communiquer au héros des forces naturelles exceptionnelles. — *Elle m'a trouvé sur une grosse pierre* : Tristan est un enfant abandonné et exposé. Il s'agit d'un motif constitutif de bien des légendes royales, notamment de celle d'Œdipe. Les traits légendaires s'agrègent donc pour signifier le destin exceptionnel du personnage, la singularité de son héroïsme et son appartenance à la dynastie royale. Ce passage étrange devait donner matière, au XIVe siècle, à des développements narratifs dans une chanson de geste dont le titre, *Tristan de Nanteuil*, est déjà une référence à la légende tristanienne. Né lors d'une tempête, en pleine mer, le héros est abandonné aux flots, puis recueilli et allaité par une sirène. Cet enfant sauvage, parce que non baptisé, aura deux autres nourrices : la femme du pêcheur qui découvre la sirène et une grande « *cerve* » qui tue ses parents nourriciers pour l'emporter dans une vaste forêt où elle règne sur les autres bêtes. (Voir *Tristan de Nanteuil*, éd. Keith Val Sinclair, Assen, Van Gorcum & Co, 1971.) Sur la signification mythologique de ce passage, on se reportera à Philippe Walter, *Le Gant de verre*, *op. cit.*, chap. IX, « Le fils de l'inceste », p. 247-277 ; en particulier, p. 247-270.

2. *Ou dans quel lieu tu l'emmènerais* : dans le vers original (*U en quel part la meraies ?*), nous pouvons également comprendre *U* comme une forme de pronom relatif et traduire : « où, dans quel lieu tu l'emmènerais ? »

Page 75.

1. Cette demeure féerique rappelle les châteaux de l'au-delà ou les îles merveilleuses si fréquentes dans la

littérature arthurienne. Elle évoque en particulier l'île d'Avalon, terre de la fée Morgane et de ses « dames », où se réfugient des amants dans le *Lai de Lanval* de Marie de France ; mais surtout « *l'Isle de Voirre* » (« l'île de verre ») mentionnée dans le manuscrit B. n. F. fr. 1450 du roman d'*Érec et Énide* de Chrétien de Troyes (vers 1165). Cette île merveilleuse, nous dit Chrétien, ne connaît ni les ardeurs de l'été ni les rigueurs de l'hiver (Chrétien de Troyes, *Œuvres complètes*, éd. Peter Florian Dembowski, Gallimard, « Bibliothèque de la Pléiade », p. 48, v. 1912-1915) : *Nus n'i oï onques tonoire, / Ne n'i chiet foudre ne tanpeste, / Ne boz ne serpanz n'i arest, / Ne n'i fet trop chaut ne n'iverne.* [L'on n'y entend jamais le tonnerre, on n'y voit jamais la foudre ou la tempête, on n'y rencontre jamais ni crapaud ni serpent, et il n'y fait ni trop chaud ni trop froid.] Dans un article intitulé « Melwas, roi des morts, et l'île de verre », paru dans *Romania*, XXIV, 1895, p. 327-335, Ferdinand Lot a identifié l'île de verre avec le Pays des Morts de la religion celtique, pays de l'éternel été, où n'existe ni maladie ni vieillesse. Dans la *Folie* d'Oxford, la description de cette demeure céleste répond à celle de la forteresse féerique de Tintagel (v. 132-140). Détenteur d'un palais magique apte à rivaliser avec Tintagel, le fou est donc bien en position de disputer la reine et le pouvoir au roi Marc.

2. *Tantris* : anagramme du nom « Tristan » portée par le héros, lors de son premier voyage en Irlande, après le combat contre le Morholt. Voir Berne, p. 137, n. 2.

Page 77.

1. Tristan fait le résumé de son combat contre le Morholt. On retrouve dans la description de la blessure le motif de l'empoisonnement et l'image très crue de la pourriture des chairs dont use Thomas, à la fin de son roman, pour décrire la blessure mortelle de Tristan, provoquée par un épieu empoisonné (p. 190, v. 2495-2498) : *Li venims espant par tut le cors, / Emfler le fait dedenz e dehors ; / Nercist e teint, sa force pert, / Li os sunt ja mult*

descovert. [Le poison se répand dans tout son corps et le fait enfler dedans et dehors ; son teint se plombe, il devient livide, il perd ses forces, ses os saillent déjà sous la peau.]

Page 79.

1. Les *lais* sont des compositions musicales d'origine celtique, d'où l'épithète de *bretons* employée ici. Dans la poésie irlandaise ancienne, le lai est un intermède lyrique inséré dans la récitation d'une épopée ou bien un poème musical indépendant, inspiré par des aventures légendaires. Ultérieurement, entre 1160 et 1180, Marie de France aurait tiré de ces lais musicaux, chantés par des harpeurs bretons, l'argument des lais narratifs qu'elle écrivit. Dans le *Lai du Chèvrefeuille*, elle met en scène une rencontre furtive des amants dans la forêt et fait de Tristan l'auteur du lai breton à l'origine de son poème narratif. Le lai lyrique, dont Tristan et Yseut sont auteurs, compositeurs et interprètes, semble le mode d'expression privilégié de leur tristesse et de leur joie d'aimer. Dans la légende, c'est effectivement Tristan qui initie Yseut à cette forme musicale, lors de son premier séjour en Irlande.

2. *J'ai été guéri grâce à un baume* : allusion au premier séjour en Irlande où Tristan fut soigné et recueilli par Yseut et sa mère la reine d'Irlande. Il devint en cette occasion le maître de harpe d'Yseut. Voir Berne, v. 394-398. Le mot *meschine* est une graphie normanno-picarde pour *mecine* ayant pour sens « remède », « médicament qui soulage ».

Page 83.

1. Le fou fait ici allusion au deuxième voyage en Irlande et à la quête d'Yseut pour le roi Marc. Le poète ignore le conte du cheveu d'or que rapportent Eilhart d'Oberg (*Tristrant*, trad. René Pérennec, p. 282) et Berne (v. 420-421, n. 4). Il s'accorde ainsi avec Gottfried de Strasbourg (et sans doute Thomas) qui résume ce conte pour le déclarer absurde (p. 500). Le poème insiste sur

l'identité chevaleresque de Tristan avant l'absorption du philtre.

2. Dans ce résumé du combat contre le dragon, l'auteur s'écarte de la *Saga* et du roman de Gottfried sur un détail : c'est le perfide sénéchal et non Tristan qui coupe la tête du monstre (voir Gottfried, p. 507, et la *Saga*, chap. XXXVII, p. 834).

Page 85.

1. Résumé de la scène du bain. Joseph Bédier a rapproché le vers 446 du vers 2749 de Thomas : *Ire de femme est a duter* [La colère des femmes est redoutable] (p. 197).

2. Ce *prétendant* odieux est le sénéchal qui se targuait d'avoir tué le dragon et exigeait la main d'Yseut en récompense.

Page 87.

1. Comme dans la *Folie* de Berne (v. 176-177), la rime *mensunge / sunge* (v. 457-458) sert de signal poétique pour introduire l'épisode du philtre. Cette rime, apparue un peu avant le milieu du XIIe siècle dans *L'Estoire des Engleis* de Geffrei Gaimar selon Andrea del Fassò (*Il Sogno del cavaliere. Chrétien de Troyes e la regalità*, Rome, Carocci editore, « Bibliotheca medievale, Saggi / 14 », 2003, chap. VI « Come in uno specchio. *Songe* et *mensonge* da Chrétien de Troyes a Jean de Meun », p. 151-192, et plus particulièrement p. 157-159), est devenue si célèbre dans les romans du XIIe siècle qu'elle s'est figée en proverbe : « Tous les songes sont mensonges » (voir aussi, sur l'origine de cette rime, Renate Blumenfeld, « Remarques sur Songe / Mensonge », *Romania*, CI, 1980, p. 385-390).

2. *E nus fumes ben en haut* : ce vers, qui est faux, demeure énigmatique. Non sans hésitation, Joseph Bédier traduisait *en haut* par « en haute mer ». Ernest Hoepffner préfère voir dans cette expression une graphie altérée pour « en bliaut ». Jean-Charles Payen (*Tristan et Yseut*, Garnier Frères, 1974, p. 279) et Philippe Walter

(*Tristan et Iseut. Les Poèmes français. La Saga norroise*, Librairie générale française, « Lettres gothiques », 1989, p. 251) la traduisent par « sur le pont », traduction que nous adoptons.

3. *Elle enfouit sa tête sous son manteau* : geste d'affliction ou de honte fréquent dans la littérature médiévale.

Page 89.

1. Les questions de Marc recouvrent les deux types de chasse qui se partagent les faveurs de l'aristocratie au Moyen Âge : la chasse à l'oiseau (fauconnerie) et la chasse au chien (vénerie). La chasse peut se pratiquer « en bois », c'est-à-dire que l'on poursuit du gros gibier dans les forêts avec les chiens, ou « en rivière », ce qui signifie que l'on allait dans les marais, ou au bord d'étangs ou de rivières, pour capturer du gibier d'eau avec des oiseaux de proie. Sur la chasse au Moyen Âge, on lira, d'Armand Strubel et Chantal de Saulnier, *La Poétique de la chasse au Moyen Âge, Les livres de chasse du XIVe siècle*, PUF, « Perspectives littéraires », 1994.

2. *En troupeau* : l'expression *de reng* (v. 496), complément du verbe *prendre* (v. 495), traduite par « en troupeau », appartient au lexique de la chasse et désignerait, selon Joseph Bédier, un procédé consistant à lancer contre ces oiseaux qui volent en troupeau une troupe d'oiseaux de chasse. Elle peut également dénommer un autre procédé de chasse à distance recourant à un ensemble d'arcs disposés en rang.

3. Le texte utilise des dénominations variées pour désigner les chiens de chasse qui correspondent à des races et des capacités différentes utilisées pour capturer le gibier. Prisé pour sa rapidité et sa beauté, situé au sommet de la hiérarchie des races, le *lévrier* est aussi un animal de compagnie ; le *limier*, dont le nom dérivé du mot *lien*, désigne un gros chien de chasse tenu en laisse, qui sert à flairer le gros gibier et à le lancer ; le nom *berseret*, dérivé du verbe *berser* ayant pour sens « tirer à l'arc », désigne de manière générale un chien de chasse. Le fou se représente en grand seigneur détenteur d'une meute de chiens.

4. *J'attrape canards sauvages [...]* : au vers 498, nous corrigeons *mainz* en *malarz,* suivant Joseph Bédier ; le terme « malard » désigne un canard mâle. Tout ce passage (v. 489-514) est une allusion ironique aux talents de chasseur et de veneur de Tristan, fort bien mis en scène en particulier au début de la *Saga* (chap. XXI et XXII, p. 804-807) et dans le roman de Gottfried (p. 425-433).

5. Le rire de l'assemblée est suscité par l'absurdité des exploits cynégétiques du fou, qui confond la chasse aux chiens et la chasse aux oiseaux. Les chiens sont utilisés dans la chasse à courre pour forcer le gros gibier. Les grues, les cygnes, les oies et autres gibiers d'eau sont chassés avec des oiseaux de proie et non avec des chiens.

Page 91.

1. L'inventaire des rapaces utilisés par le fou rassemble les deux grandes familles d'oiseaux de proie : celle des falconidés, dans laquelle se rangent le faucon de haut vol (v. 509) et l'émerillon (v. 513), le gerfaut (v. 507) à gorge blanche, et le hobereau (v. 514) ; et celle des accipitridés, dans laquelle sont classés l'épervier (v. 511) et l'autour (v. 505), caractérisés par des ailes courtes mais larges. Les faucons chassent en vol, tandis que les accipitridés attaquent leur proie au sol. Riche et complet, l'éventail des oiseaux possédés par le fou le rend aussi puissant qu'un roi et le place en position de rivalité avec Marc. Sur la fauconnerie, on consultera l'ouvrage de Baudoin Van Den Abeele, *La Fauconnerie dans les lettres françaises du XIIe au XIVe siècle* (*Mediævalia Lovaniensia,* I, XVIII), Louvain, 1990.

2. Comme le remarquent les éditeurs, le vers 512 est obscur. Mot à mot, il signifie : « qui est noble du côté de sa queue ».

3. Selon un procédé similaire à celui décrit p. 89, n. 5, le discours du fou attribue aux rapaces les proies destinées aux chiens dans les chasses à courre. L'énumération des proies est représentative des animaux ordinairement chassés pour leur viande (sangliers, chevreuils, daims et lièvres), leur fourrure, leur poil ou leur cuir (renards,

loups, castors). La liste du fou comporte aussi des prédateurs carnivores chassés pour leur nuisance (ours, loups, chats sauvages).

4. *Coups de gourdin* : l'expression *partir les tisuns* est mystérieuse. Un *tison* est une grosse pièce de bois en général, selon le *Dictionnaire de l'ancienne langue française et de tous ses dialectes du IX*[e] *au XV*[e] *siècle* de Frédéric Godefroy. Destinée sans doute à alimenter le feu, elle peut à l'occasion faire office d'arme de joute. On peut suggérer un rapprochement avec le *tinel,* le gros bâton dont Guillaume se sert pour frapper les païens dans *La Prise d'Orange,* chanson de geste de la fin du XIIe siècle (voir *La Prise d'Orange,* éd. Claude Régnier, Klincksieck, 1986, v. 827-851).

5. Dénomination vague d'origine galloise ou irlandaise, la *rote* renvoie à différents instruments de musique à cordes. Ce peut être une lyre ronde dont les cordes étaient pincées, une lyre à cordes frottées avec un archet ou une harpe psaltérion. Elle est utilisée dès le IXe siècle par les jongleurs qui en accompagnent leurs récits, puis par les membres de l'aristocratie qui apprennent à en jouer pour se divertir.

6. Première allusion à la ruse des *copeaux,* qui sera développée aux vers 784-794, p. 111, et qui apparaît dans tous les textes de la légende. Pour avertir Yseut de sa présence et l'inviter à le rejoindre dans le verger à la nuit tombée, Tristan taille des copeaux de bois dans un ruisselet, qui, selon les versions, traverse la chambre d'Yseut (Eilhart, p. 308), ou coule devant la porte de la chambre (p. 572-573), ou bien encore dans la *Saga* (chap. LIV, p. 863), par effacement de cet archaïsme architectural, passe à l'extérieur des murs du château, devant la chambre de la reine. Signal de la présence de Tristan, les copeaux peuvent porter une signature supplémentaire. Chez Eilhart, Tristan jette d'abord des feuilles, puis un copeau sur lequel il grave une étoile à cinq branches, représentant les initiales entrelacées des deux amants ; selon Gottfried, Brangien, qui est l'initiatrice de cette

ruse, lui demande de graver un *T* sur un côté et un *I* sur l'autre ; enfin, dans *Sire Tristrem* (p. 948), Tristan y grave des runes, qu'Yseut reconnaît immédiatement.

Page 97.

1. Joseph Bédier traduit dans son glossaire l'expression *de male maine* par « de basse extraction », « qui agit vilainement ». Félix Lecoy comprend l'expression comme « difficile à manier », « d'abord difficile, revêche ». Brangien est si dévouée à Yseut qu'elle consent à sacrifier sa virginité pour la couvrir en la remplaçant dans le lit du roi Marc le soir des noces. Cette fidèle suivante a cependant des rapports parfois orageux avec sa maîtresse, et elle n'hésite pas à lui faire de vives remontrances, voire à se brouiller momentanément avec elle dans le roman de Thomas.

Page 99.

1. La reine dont il est ici question est la mère d'Yseut, la reine d'Irlande.

Page 101.

1. *J'en ai bu pour me désaltérer* : nouvelle évocation de l'épisode du philtre d'amour. L'auteur de la méprise est ici un serviteur et non Brangien comme dans le roman de Béroul (p. 61, v. 2208) et dans Berne (p. 161, v. 431-436).

Page 103.

1. *Un sourire de connivence* : littéralement, il faudrait traduire le vers 672 par : « Elle lui sourit, ainsi qu'elle en avait l'habitude. » Joseph Bédier interprète ce sourire énigmatique comme un signe de complicité entre la reine et la suivante, lorsqu'elles désiraient rester seule à seule. Cette interprétation est séduisante, mais ce signe convenu n'est mentionné nulle part ailleurs ; nous l'adoptons cependant.

Page 105.

1. *Quand on aime sincèrement, on n'oublie pas si vite* : célèbre proverbe, répertorié par Joseph Morawski

(*op. cit.*, n° 1835). Il a servi de refrain dans des ballades et des motets, et on le trouve classé sous le n° 1585, dans l'ouvrage de Nico Van Den Boogaard, *Rondeaux et refrains du XIIe siècle au début du XIVe siècle*, Klincksieck, 1969.

2. Le surnom *Tristan l'Amoureux* distingue le protagoniste de Tristan le Nain dans le roman de Thomas, v. 2353 et 2440 (p. 187 et 189).

Page 107.

1. Allusion à l'épisode du *sénéchal* Mariadoc, compagnon puis adversaire de Tristan. Il découvre la trahison des amants, à la suite d'un rêve terrifiant qui l'éveille et le pousse à suivre les traces de Tristan jusqu'à la demeure royale. L'épisode est relaté par Gottfried (p. 561-563) et par Frère Robert dans la *Saga* (chap. LI, p. 857-858).

Page 109.

1. On reconnaît l'épisode de la fleur de farine. Selon Béroul, Tristan porte une blessure à la jambe et non au bras. Cette blessure a été causée par un sanglier lors d'une chasse. La version donnée ici reprend, sous une forme allusive, un élément narratif qui devait figurer dans le roman de Thomas. En effet, dans la *Saga* et dans le roman de Gottfried, qui suivent la version de Thomas, Tristan s'était fait faire une saignée et sa veine se rouvrit lorsqu'il sauta (voir Gottfried, p. 582, et la *Saga*, chap. LV, p. 865).

2. *Petit-Crû* est un chien merveilleux, originaire de l'île de Polin dans la *Saga*, ou de l'île d'Avalon dans le roman de Gottfried. Son pelage changeant, aux couleurs de l'arc-en-ciel, et le tintement de son grelot ont la vertu de chasser toute tristesse. Tristan a remporté cet animal féerique en récompense de sa victoire sur le géant Urgan le Velu. En gage d'amour, il en a fait don à Yseut pour apaiser son chagrin. Mais celle-ci arrache le grelot magique et le jette dans la mer. Si Tristan accepte de sacrifier son bonheur en faisant don de Petit-Crû à la reine, celle-ci en jetant son grelot refuse d'être épargnée par la souffrance d'amour et accepte de vivre avec lui dans le chagrin de la

séparation. Voir Gottfried, p. 589-590 et 595, et la *Saga*, chap. LXI, p. 871-872, et chap. LXIII, p. 875-876.

3. Rappel de l'épisode du harpeur d'Irlande, commun dans la version courtoise (*Saga,* chap. XLIX et L, p. 853-856, Gottfried, p. 556-561, et *Sire Tristrem*, p. 945-946), que l'on trouve, peut-être, mentionné aussi dans Berne (p. 157, v. 378-391). Un chevalier irlandais, harpiste de talent, se présente à la cour du roi Marc, où, à la demande de la reine qui l'a connu autrefois, il est accueilli avec les plus grands honneurs. Marc prie le mystérieux étranger de jouer de la harpe, ce qu'il accepte en échange d'un don, sans en préciser la teneur. Après l'exécution de deux morceaux de musique, il réclame alors la reine et, lié par sa promesse, le roi ne peut la lui refuser. Apprenant la nouvelle, alors qu'il est à la chasse, Tristan galope jusqu'au rivage où le harpiste attend le flot montant pour s'embarquer avec la reine. L'Irlandais prie alors celui qu'il croit être un ménestrel de jouer de sa rote ou de sa vielle (*Saga*) pour distraire la reine de son chagrin. Pendant ce temps, le flux est monté si haut qu'il se révèle désormais impossible d'emprunter à pied sec la passerelle qui mène au bateau. Tristan propose alors de monter la reine sur son cheval, ce à quoi se résigne le harpiste irlandais. C'est ainsi que Tristan lui ravit la reine, opposant à la ruse du harpiste celle du joueur de rote. Gertrude Schoepperle a reconnu dans cet épisode un ancien conte celtique relatant l'enlèvement par un immortel d'une reine, que son époux reconquiert grâce à une ruse ou un artifice magique. Sans en comprendre le sens exact, les poètes courtois l'ont repris en le modifiant de sorte que c'est l'amant et non le mari qui reconquiert la femme (*A Study of the Sources of the Romance*, New York University, Ottendorfer Memorial Series of Germanic Monographs, n° 3, Francfort, Joseph Baer & Co. / London, David Nutt Publisher, 1913, T. II, « The Harp and the Rote », p. 417-430).

Page 111.

1. La *rote* (voir p. 91, n. 5) est un instrument humble et dévalorisé par rapport à la harpe. Dans ce duel musical,

Tristan joue au jongleur et s'humilie pour récupérer son amie. Sur l'opposition symbolique des deux instruments, voir Jennifer Looper, « L'épisode de la harpe et de la rote dans la légende de Tristan. Étude sur le symbolisme de deux instruments de musique », *Cahiers de civilisation médiévale*, 38e année (nº 152), octobre-décembre 1995, p. 345-352.

2. Épisode des copeaux qui, dans les versions d'Eilhart, de Gottfried et de Frère Robert, précède la série de pièges tendus par Marc.

3. Épisode du rendez-vous épié par Marc, dissimulé dans un pin. Alors que le roi a éloigné Tristan de la cour, celui-ci donne un rendez-vous à Yseut en jetant des copeaux de bois dans le ruisseau qui va jusqu'au château. Mais, averti par le nain Frocin, le roi est monté dans un pin qui s'élève au-dessus de la fontaine. Grâce au clair de lune, Tristan et ensuite Yseut ont vu l'ombre du roi projetée sur l'eau de la fontaine. Les amants font alors semblant de rien et protestent de leur innocence, trompant par leur discours mensonger le roi qui croyait les prendre au piège. Le manuscrit porte à trois reprises (v. 783, 798 et 802) le mot *espin* (« buisson d'aubépines »). En raison de l'irrégularité de la mesure des vers 783 et 802, nous avons corrigé le mot *espin* en *pin*, arbre qui figure dans le décor du rendez-vous épié chez Béroul (p. 15, v. 469-476). Le texte reprend ici assez fidèlement le poème de Béroul, en particulier la supplique de Tristan qui demande à Yseut un soutien financier et annonce qu'il va quitter le royaume pour se mettre au service d'un autre suzerain (voir p. 8, v. 197-218).

Page 115.

1. Allusion à l'épisode du serment ambigu. La version ici relatée s'écarte du roman de Béroul où Yseut traverse un gué marécageux (« Le Mal Pas » ou « Passage Dangereux ») sur le dos de Tristan déguisé en lépreux (p. 106-107, v. 3912-3940). Elle se rapproche de la version donnée par le roman de Gottfried et la *Saga* : Yseut, devant prêter un serment solennel et subir le jugement de Dieu par l'épreuve du fer rouge, convient d'une ruse

avec Tristan, qui, déguisé en pèlerin, la porte du navire au rivage et se laisse tomber sur elle. Yseut peut jurer ainsi, sans mentir, que seuls l'ont tenue dans leurs bras son époux et le pèlerin. Voir Gottfried, p. 586-587, et la *Saga*, chap. LVIII, p. 868-869.

Page 117.

1. *Un magnifique abri* : convaincu de la culpabilité des amants, le roi les bannit de sa cour. Ils s'exilent alors dans la forêt du Morroi. La description de cette splendide grotte, artistiquement décorée, rappelle celle du rocher creusé par les païens où se cachent les amants bannis dans la *Saga* (chap. LXIV, p. 876-877) et celle de « la grotte des amants », refuge de Tristan et Yseut dans le roman de Gottfried (p. 600-607). Par le caractère idyllique de ce passage, la *Folie* d'Oxford s'écarte des versions de Béroul et d'Eilhart, où la vie dans la forêt est présentée comme un douloureux exil et un retour à la vie sauvage.

2. *Je l'ai dressé à ne plus aboyer* : Béroul décrit longuement le dressage du chien Husdent auquel Tristan apprend à chasser à la muette (p. 45-46, v. 1593-1636).

Page 119.

1. La proposition relative du vers 888 est incomplète : il manque le nom masculin sur lequel portent *hallé* et *vermeil*. Il y a probablement une lacune après ce vers.

2. Résumé de l'épisode de la hutte de feuillage (voir Berne, v. 194-205, n. 4). Aucune version de la légende ne fait intervenir le nain dans cet épisode, les amants ayant été dénoncés par un forestier ou le maître veneur du roi Marc. Il pourrait donc y avoir contamination avec l'épisode du rendez-vous épié.

3. Le don d'Husdent comme gage d'amour lors de la séparation des amants ne se trouve que chez Béroul (v. 2778-2780, p. 76) et chez Eilhart (p. 329).

Page 121.

1. *Il court vers lui [...]. C'est un spectacle très émouvant* : la scène des retrouvailles du chien et de son

maître est commune aux deux *Folies*. Les vers 915-918 d'Oxford sont presque identiques aux vers 512-515 de Berne, p. 167.

2. Le chagrin et l'agressivité d'Husdent séparé de Tristan, exilé de la cour, sont finement décrits chez Béroul (p. 41-42, v. 1437-1466). Le bel accueil du chien révèle la toute-puissance de la *norreture*, c'est-à-dire du dressage, de l'éducation et des soins, lorsqu'elle est alliée à une bonne nature.

Page 123.

1. *Il y a une très grande noblesse chez le chien, et chez la femme une très grande déloyauté* : l'opposition entre l'instinct infaillible du chien qui reconnaît son maître et les doutes de la femme aimée rapproche le dénouement des *Folies* du retour d'Ulysse qui, au chant XVII de l'*Odyssée*, est immédiatement reconnu par son chien Argos, alors que Pénélope ne voit dans l'étranger arrivé au Palais qu'un misérable mendiant. Selon Ernest Hoepffner, il ne s'agirait que d'une rencontre fortuite (voir son édition de la *Folie* de Berne, p. 6, n. 3). Sur l'opposition entre la femme et le chien, et en particulier sur le motif de la fidélité du chien et de l'inconstance féminine, on se reportera à l'article d'Emmanuèle Baumgartner, « Des femmes et des chiens », paru dans *Le Rire au Moyen Âge*, Presses de l'Université de Bordeaux, 1990, p. 43-51 (voir notamment p. 44-45), repris dans *De l'histoire de Troie au livre du Graal. Le Temps, le récit (XIIe-XIIIe siècles)*, Orléans-Caen, Paradigme, « Varia », n° 18, 1994, p. 325-333.

2. La découverte des amants dans le *verger* correspond au fragment du manuscrit de Cambridge du roman de Thomas qui est ici fidèlement suivi. Conservé à la bibliothèque de l'université de la ville sous la cote Add. Manuscr. 2751 (3), ce fragment de 52 vers, très mutilé, a été découvert dans une reliure. Il relate la séparation de Tristan et Yseut, avant l'exil du héros en Petite-Bretagne. L'épisode se clôt par le don de l'anneau, symbole courtois qui sert le dénouement du texte des *Folies*.

Page 127.

1. *Un lit plein d'ardeur joyeuse* : l'adjectif *baus* présente un cas sujet fautif. Nous l'avons compris comme une forme de *bald, baut* : « plein d'ardeur joyeuse », « hardi (jusqu'à l'effronterie) ».

MANUSCRIT DE BERNE

Page 129.

1. La rime orpheline du v. 3 signale une lacune d'un vers au moins.

Page 131.

1. *Par saint Odé* : Joseph Bédier (*Les Deux Poèmes de la Folie Tristan*, Firmin-Didot, 1907, *La Folie Tristan de Berne*, p. 81-106) a cru voir dans *Odé* « le nom d'un saint probablement fantastique » (voir la note à la page *Errata* de son édition). Ernest Hoepffner préférait y voir une altération du nom « André » (*La Folie Tristan de Berne*, Publications de la Faculté des lettres de l'Université de Strasbourg (textes d'étude, 3), 1949, p. 67). André de Mandach a établi qu'il s'agissait d'un saint irlandais du VIe siècle. Sur ce point, voir « À propos de trois anthroponymes tristaniens : saint Euthol, saint Odé et Dinas de Lidan », Résumé de communication au XIIe congrès arthurien (Regensburg, 7-14 août 1979), *Bulletin bibliographique de la Société internationale arthurienne*, t. XXI, 1979, p. 290.

2. *Chacun lui jure de [...] capturer Tristan* : la *Folie* de Berne insiste sur le statut du banni de Tristan, qui prépare le déguisement en fou, autre figure exclue de la société. Ainsi que l'écrit Robert Jacob, « [p]our des raisons différentes, le fou et le banni ont en commun d'être inaccessibles à la norme. L'un et l'autre sont juridiquement des "incapables", c'est-à-dire que le droit leur dénie, en tout ou en partie, la qualité de sujet » (« Le faisceau et les grelots. Figures du banni et du fou dans l'imaginaire médiéval », *Droit et cultures*, 41, 2001, p. 65-98 ; p. 68).

3. *Dinas* de Lidan est sénéchal du roi Marc et ardent défenseur des amants dans le roman de Béroul.

4. *Beau Plaisir* : Ernest Hoepffner interprétait l'expression *bel deport* (v. 40) comme une sorte de *senhal*, c'est-à-dire un surnom que le troubadour attribue à sa dame pour préserver le secret de son identité (*op. cit.*, p. 68). De fait, le troubadour Guiraut Riquier donne à sa dame le nom de *Bel Deport*, dans une chanson composée vers 1270. L'influence de la lyrique courtoise, de son vocabulaire et de ses images est sensible en bien des endroits du texte.

Page 133.

1. Allusion à *Yseut* aux Blanches Mains, que Tristan a épousée en Petite-Bretagne alors qu'il éprouve de l'amour pour Yseut la Blonde.

2. Cette lacune d'au moins deux vers rend la compréhension de ce passage difficile.

3. La syntaxe de ce passage (*Soferte et tante poine aüe*) est difficile à comprendre en raison des lacunes du manuscrit. Le sujet sous-entendu du verbe étant la reine Yseut au vers 67, il est probable qu'il le soit déjà au vers 66.

4. *Amour, vainqueur de toutes choses* : selon Emmanuèle Baumgartner (Thomas, *Le Roman de Tristan* suivi de *La Folie Tristan de Berne* et de *La Folie Tristan d'Oxford*, trad. Emmanuèle Baumgartner et Ian Short, éd. Félix Lecoy, Champion, 2003, *La Folie Tristan de Berne*, p. 299-348), le vers 71 est l'adaptation d'un célèbre hémistiche de Virgile (*Bucolique*, X, v. 69) : *Omnia vincit amor* [« l'amour vainc toute chose »], souvent repris et glosé par les auteurs médiévaux.

Page 135.

1. Premier rappel du combat contre le Morholt auquel il sera fait de nouveau allusion aux vers 400 et 407-418. Dans Oxford, le combat contre le Morholt est le premier souvenir que Tristan évoque devant Yseut (v. 329-352).

Page 137.

1. L'idée du déguisement en fou semble objectiver l'état d'âme du héros, fou d'amour pour la reine. À deux reprises (v. 99 et v. 123), l'auteur souligne la violence intérieure de cette folie amoureuse.

2. *Tantris* est le pseudonyme sous lequel se cache Tristan à la cour du roi d'Irlande, après sa victoire contre le Morholt. Anagramme de « Tristan », il peut aussi se lire « *tan(t) trist(e)* » (voir Oxford, p. 75, n. 2).

Page 139.

1. Comme le souligne un proverbe répertorié par Joseph Morawski dans *Les Proverbes français antérieurs au* XV*e siècle*, Champion, CFMA, 1925, n° 186 : *Au plus fol la machue*, la massue est un attribut traditionnel du fou, comme la tonsure, signe distinctif que le fou partage avec le blessé ou le malade que l'on avait coutume de raser. Il n'est pas fait mention du troisième attribut du fou, le fromage, qui parfait le déguisement de Tristan dans le roman d'Eilhart et dans le *Tristan en prose*. Voir le proverbe n° 33 répertorié par J. Morawski : *A foul fourmaigne*. Sur les attributs du fou et leur signification, voir Jean-Marie Fritz, *Le Discours du fou au Moyen Âge*, PUF, 1992, chap. II, « L'évidence de la folie ou la fragilité d'une sémiologie », p. 37-61. Voir également Oxford, p. 67, n. 2, et p. 71, n. 1.

2. Les vers 150-198 correspondent au passage donné par le fragment de Cambridge, qui compte 61 vers. Il ajoute 4 vers après le 153 et 2 vers après les 181, 187, 193 et 195, offrant d'intéressantes variantes dont Félix Lecoy se demande si elles ne figuraient pas dans l'original, fortement altéré par Berne (*Les Deux Poèmes de la Folie Tristan*, Champion, 1994, *La Folie de Berne*, p. 15-49 ; voir note p. 39).

3. *Picol, Picous* et son diminutif *Picolet* (v. 187) semblent des noms portés communément par les fous et les nains, comme l'attestent divers témoignages recueillis dans la société et la littérature de l'époque. Le bouffon du roi Jean

sans Terre s'appelait William Picol et son nom, sous une forme latinisée, « *Picolfus, Willelmus Picol follus noster* », se trouve mentionné dans des rôles normands entre 1198 et 1202. Voir à ce sujet J.-M. Telfer, « *Picous* [*Folie Tristan de Berne*, line 156] », *French Studies*, V, I, 1951, p. 56-61. Dans diverses chansons de geste telles que *La Bataille Loquifer* (début XIIIe siècle), *Les Enfances Vivien* (premier quart du XIIIe siècle), *Picolet* est le nom d'un nain magicien. Sur l'origine de ce nom, on consultera l'article de Jean Frappier « Sur Pecol / Quepol », *Romanica et occidentalia. Études dédiées à la mémoire de Hiram Peri (Plaum)*, éd. Moshé Lazar, Jérusalem, Magnes Press, Université hébraïque, 1963. Voir aussi Mireille Demaules, « *Picous* ou l'énigme d'un nom dans la *Folie* de Berne », *Par les mots et les textes, Mélanges de langue, de littérature et d'histoire des sciences médiévales offerts à Claude Thomasset*, dir. Danièle James-Raoul et Olivier Soutet, Presses de l'Université de Paris-Sorbonne, 2005, p. 197-210.

4. *Un morse* : l'interprétation de la leçon du manuscrit *galerox* en *galerous* (« morse », « cheval marin ») est due à A. Thomas qui, dans une notice intitulée « *Galerox* dans la *Folie Tristan* de Berne », *Romania*, XL, 1911, p. 618-621, attribua à ce mot une origine scandinave comme l'attestent les termes correspondants en allemand (*walros*, plus anciennement *walhros*), en anglais (*walrus*) et en danois (*hvalros*). Ce mot, extrêmement rare en ancien français (à notre connaissance, il n'est même attesté que dans notre texte), a embarrassé les copistes : le manuscrit d'Oxford ne porte pas trace de l'allusion et le fragment de Cambridge donne la leçon *veu Karoyt* qui rime avec *Pichoyit* pour *Pichous*. Analysant cette forme dans un article intitulé « Le problème des *Folies* aujourd'hui » (*Mélanges Jeanne Lods*, t. I, 1978, p. 371-377), Mary Dominica Legge l'interprète comme une graphie altérée du mot *leu garous, garelox* (« loup-garou »), terme qui témoigne de la nature d'homme sauvage prêtée à Tristan. L'étude lexicographique et historique plus récente de Maxime Delliaux et Alban Gautier (« Cheval

ou baleine ? Les noms du morse dans les mondes septentrionaux (IXe-milieu du XVIe siècle) », *Animaux aquatiques et monstres des mers septentrionales. Imaginer, connaître, exploiter de l'Antiquité à 1600*, éd. Catherine Jacquemard, Brigitte Gauvin, Marie-Agnès Lucas-Avenel, Benoît Clavel et Thierry Buquet, *Anthropozoologica*, 2018, 53, 15, p. 175-183) permet d'écarter cette dernière hypothèse et accrédite celle d'Antoine Thomas.

Page 141.

1. L'auteur de Berne introduit quantité de noms propres dans le récit, inconnus parfois de la légende. C'est le cas ici de *Bruneheut*, nom attribué à la sœur du fou que la *Folie* d'Oxford ne nomme pas (voir p. 73, v. 282). *Bruneheut*, *Brunehaut*, provenant du germanique *Brunehildis*, est un prénom rare dans l'aire linguistique romane, tant dans la vie quotidienne que dans les textes littéraires. Dans *Aubéron*, poème composé entre 1260 et 1311, il existe un personnage nommé *Brunehaut* : enlevée à sept ans à sa famille pour habiter le Royaume de Féerie, elle deviendra plus tard la mère de Jules César (voir *Le Roman d'Aubéron*, éd. J. Subrénat, Genève, Droz, 1973). Elle entretient donc des rapports étroits avec l'au-delà et la civilisation romaine. Or le nom de *Brunehaut* est attribué en pays roman à de nombreuses voies de communication (en particulier à d'anciennes voies romaines) et à des ruines d'édifices anciens : *tumuli*, « tours », « châteaux ». Brunehaut est ainsi dans la culture populaire une magicienne, une fée bâtisseuse à la manière de Mélusine. À l'origine de cette légende, se trouve probablement un personnage historique, la reine d'Austrasie Brunehaut (543-613), épouse de Sigebert Ier (roi de 561 à 575). Femme d'État de culture romaine, elle a fondé plusieurs monastères et fait construire des édifices admirables dont l'abbaye de Saint-Martin d'Autun qui abrita un important *scriptorium* où furent copiés de nombreux manuscrits, conservés maintenant à la bibliothèque de la ville. Sa fin tragique — elle mourut suppliciée et traînée par des chevaux — l'a fait entrer

dans la légende. Elle fut vite considérée comme une fée maléfique à laquelle on a prêté la construction de routes, comme il est fréquent pour les géants et le diable. Par la citation de ce prénom, l'ascendance féerique du fou se trouve indirectement confirmée. Sur la reine Brunehaut, on consultera Jules Vannérus, « La reine Brunehaut dans la toponymie et dans la légende », *Bulletin de la Classe des lettres*, Académie royale de Belgique, 5e série, XXIV, 1938, p. 301-420.

2. *Où as-tu la tête* : cette réplique de Tristan fait difficulté. La forme du manuscrit *bee* n'est pas accordée avec le pronom personnel *tu* qui suit. Ernest Hoepffner comprend *bee* comme un impératif et corrige *o* en *or*, donnant à la proposition le sens injonctif de « Fais attention à ce que je vais dire ! ». Nous suivons la correction de Morf et de Bédier qui font de *tu* le sujet du verbe, rétablissent la deuxième personne et comprennent l'ensemble de la proposition comme une interrogation. Le verbe *baer, beer* ayant pour sens propre « avoir la bouche ouverte », « bayer », et, pour sens figuré, « regarder avec attention, envie ou étonnement », « aspirer à », « désirer », et par dérivation du sens « demander », Joseph Bédier traduit l'interrogation par « Que désires-tu savoir ? », « Quelle sotte question me fais-tu ? ». Cette interprétation, qui met l'accent sur la sottise de Marc, est corroborée par un nom composé *fol-y-bee* désignant, selon le *Dictionnaire* de Godefroy, « un sot déçu dans ses projets », et selon le *Dictionnaire du moyen français*, « une personne irréfléchie ou téméraire ». Implicitement, la question de Tristan renverrait par un jeu de mots à cette expression, rejetant la folie ou la sottise sur le roi Marc. Sur ce point, voir la préface, p. 26-27.

3. Sur ce palais céleste, voir la *Folie* d'Oxford, p. 73 et 75, v. 301-310, n. 1.

4. *Fêtards* : la leçon du manuscrit est douteuse, car le terme *Galois* (« Gallois ») offre un sens peu satisfaisant, les sujets du roi Marc étant cornouaillais. Ernest Hoepffner explique la substitution de l'adjectif ethnique

par l'origine continentale du copiste, peu averti de ces subtilités géographiques. Le nom commun *galois* peut désigner aussi, selon le *Dictionnaire* de Godefroy, « un homme de plaisir », « un bon vivant », « un joyeux compagnon », et en mauvaise part, selon le *Dictionnaire du moyen français*, « un noceur ». Le fou désignerait plaisamment ainsi son auditoire.

5. Sur la rime *songe* / *mensonge* comme signal poétique de l'épisode du philtre, voir Oxford (p. 87, v. 457-458, n. 1). Le philtre d'amour sera à nouveau évoqué dans Berne, p. 151, v. 307-317, et p. 161, v. 430-439.

6. L'auteur fait ici allusion aux divers talents de Tristan qui donnent matière à ses exploits ou à ses aventures. Ainsi, le verbe *saillir* (« sauter ») rappelle le bond célèbre du saut de la chapelle, relaté par Béroul (p. 27-28, v. 915-964). L'adresse du héros à lancer des fléchettes est aussi mentionnée dans le roman d'Eilhart (p. 382). « Les sauts gallois » et « le lancer de roseaux » figurent également dans le roman de Thomas parmi les disciplines sportives où excelle Tristan (p. 183, v. 2227 et 2230). Le vers 183 est obscur : le verbe *sostenir*, signifiant « tenir en main », pourrait être une allusion aux talents de jongleur du fou ; mais l'expression *dolez bastons* évoque précisément le souvenir des copeaux que Tristan taille et jette dans le ruisseau pour avertir la reine de sa présence (voir Oxford, v. 525-526, v. 784-794). Le vers posséderait donc une double entente, à moins que la leçon ne soit erronée.

7. *J'ai vécu de racines dans les bois* : allusion à la vie misérable des amants dans la forêt du Morroi, telle qu'elle est relatée par Béroul.

Page 143.

1. *Repose-toi donc* : au vers 187, la leçon de B, *en terre pose*, est incompréhensible. Nous suivons la correction de Joseph Bédier : *Or te repose*. La leçon de C, *Et taire pois*, est intéressante pour le sens. Quelle que soit la version retenue, le locuteur n'est pas identifié. Nous avons attribué l'injonction au roi, qui est en apparence

l'interlocuteur privilégié du fou, sans exclure cependant l'hypothèse qu'il puisse s'agir d'une intervention d'Yseut, excédée.

2. *Je m'en soucie comme d'une guigne* : nous traduisons ainsi l'expression, le mot *gloise* signifiant « glaise », c'est-à-dire « une chose insignifiante ou de peu de valeur ». En ancien français, le deuxième terme de la négation corrélé à l'adverbe *ne* peut désigner un objet d'une valeur minime tels un gant, un bouton, ou un pois. De cet usage, il nous reste les expressions « ne pas valoir un clou », « se soucier de quelque chose comme d'une guigne ».

3. *Au fou ne t'arrête ni ne te querelle* : l'énoncé original est voisin d'un proverbe très connu, que Joseph Morawski a répertorié (*op. cit.*, n° 1325) : *N'a four baër n'a fol tencier.*

4. L'épisode de la hutte de feuillage tel qu'il est décrit dans le manuscrit B présente des détails inconnus des autres versions. — *J'ai fait alors semblant de dormir* : Tristan feint de dormir à l'arrivée de Marc, alors que dans les autres textes de la légende, les amants dorment effectivement. — *Tu as mis tes gants dans le trou du feuillage* : le geste de Marc est plus vaguement décrit dans le roman de Béroul (p. 57, v. 2041-2042 : *Le rai qui sor Yseut decent / Covre des ganz mot bonement* [Contre le rayon de soleil qui descend sur Yseut, il place les gants tout doucement en écran]). Dans les autres versions, Marc pose son gant sur le visage d'Yseut (voir en particulier Oxford, p. 119, v. 884-888).

5. Pour Félix Lecoy, *l'ordre* signifiant « la suite des événements » est suspect. Joseph Bédier a corrigé en *ovre*, Ernest Hoepffner en *outre*.

Page 145.

1. *Si nous étions seul à seule* : le vers est altéré et son sens obscur. L'adjectif *secroi*, attribut du pronom personnel *me*, est ici en emploi adverbial et signifie « secrètement », « en secret ». Comme le propose Ernest Hoepffner, nous avons conservé *par vos*, qui signifie « pour vous seule », « à part ».

2. *J'ai encore sur moi l'anneau* : allusion à une scène de séparation des amants dont les circonstances ne sont pas précisées. Plusieurs épisodes de la légende comportent le don courtois de l'anneau. Peut-être s'agit-il de la scène d'adieux décrite par Béroul, lorsque Yseut retourne à la cour, après la vie dans la forêt du Morroi, et donne à Tristan un anneau de jaspe vert (p. 74, v. 2707-2710). Le poète évoque peut-être aussi la scène du verger dans le roman de Thomas, au terme de laquelle la reine donne un anneau à Tristan (p. 130, v. 205-206).

3. *Yder* est le héros d'un roman arthurien, écrit sous le règne du roi Jean sans Terre, entre 1199 et 1216. Bien qu'ami de la reine Guenloïe, Yder témoigne d'un curieux attachement pour la reine Guenièvre et semble jouer le rôle dévolu à Lancelot. En l'absence du roi, qui se montre désespérément jaloux de lui, Yder tue un ours qui menace Guenièvre dans ses appartements. Voir *The Romance of Yder*, éd. et trad. anglaise par Alison Adams, Cambridge, Arthurian Studies 8, 1983, v. 3333-3398. Selon Edmond Faral (dans son ouvrage *La Légende arthurienne*, Champion, t. I, 1929, p. 134), l'étymologie du nom *Arthur* résulterait de la composition des mots celtiques *artos*, « ours », et *viros*, « homme », donnant le sens global d'« homme-ours » ou « roi des ours ». L'épisode du combat d'Yder contre l'ours peut dès lors être interprété comme la représentation symbolique d'une rivalité amoureuse qui aboutit au meurtre du mari. En se comparant à Yder, Tristan rappelle de manière voilée son statut de rival malheureux du roi Marc.

Page 147.

1. *La sœur de Kaherdin* : Yseut aux Blanches Mains, épouse de Tristan. Thomas mentionne une expédition de Tristan en Espagne, alors qu'il est au service de l'empereur de Rome (p. 149, v. 939-942). Elle a donc lieu bien avant son mariage. L'auteur de Berne se montre là peu soucieux de la chronologie relative des épisodes de la légende.

2. *Sans que je ne vous bourre* : l'emploi du verbe *boter* (v. 243), qui signifie « frapper », « heurter », « pousser », donne un sens très cru à ce vers.

3. *Augur* signifie « prédiction » et en particulier « heureux présage ». Selon Ernest Hoepffner, « il s'agit apparemment d'une locution proverbiale exprimant le découragement » (*op. cit.*, p. 94).

4. *Cages* : nous avons traduit le mot *mues* ainsi ; plus généralement, il désigne un endroit où l'on enfermait les oiseaux de fauconnerie pendant la mue.

5. *Sainte Estretine* est probablement le nom d'une sainte de fantaisie. Par souci de vraisemblance, Ernest Hoepffner et Philippe Walter (*Tristan et Iseut. Les Poèmes français. La Saga norroise*, Librairie générale française, « Lettres gothiques », 1989, *Folie Tristan de Berne*, p. 291) corrigent dans leur édition en *sainte Crestine* ou *sainte Cristine*. On voit mal comment le copiste aurait pu se méprendre sur un nom de sainte aussi connu, mais beaucoup de noms propres sont estropiés, il est vrai, dans Berne.

Page 149.

1. *Négligeant de mettre sa guimpe* : le vers 280 porte *eschevelee* qui signifie « en cheveux ». Sans doute l'auteur a-t-il voulu marquer la hâte et l'émoi de Brangien qui la rendent indifférente aux conventions sociales : elle aurait dû, en effet, cacher sa chevelure sous un voile de tête, une guimpe.

2. Le dialogue qui suit entre Brangien et Tristan sert de scène de reconnaissance et préfigure celle de Tristan par Yseut dans les deux *Folies* ; mais, dans Berne, le point de vue de la suivante est plus fouillé. Sa reconnaissance progressive et nuancée de Tristan, préfiguration de celle d'Yseut, confère à ce personnage secondaire une certaine épaisseur dramatique et émotionnelle.

3. *Plein de mélancolie* : dans l'antique théorie des humeurs, les anciens désignaient par le terme « mélancolie » l'humeur noire dont ils plaçaient le siège dans la rate (sur ce point, voir la préface, p. 13-14). L'emploi de l'adjectif *plains* dans le texte suggère bien l'idée d'un mélange liquide. Il crée ainsi un lien métaphorique entre la mélancolie et le philtre d'amour qui chacun à leur manière induisent une forme particulière de folie.

4. *Plus fol de moi vait a cheval* (v. 277) est la variante d'un proverbe répertorié par Joseph Morawski, *op. cit.*, n° 1361 : *Ne sont pas tuit chevalier qui a cheval montent.*

5. *Diables aux plumes grises* : l'adjectif *bis* (« gris ») est un qualifiant peu commun du mot *dëable,* c'est pourquoi Joseph Bédier proposait de corriger *bis* en *vis* (« vifs »), pour retrouver l'expression « vifs diables », courante dans les textes médiévaux.

Page 151.

1. Nous avons traduit par « bagages » le mot *trosseroil* (v. 307), qui n'est pas attesté ailleurs que dans notre texte. Joseph Bédier lui attribue, sans conviction, le sens de « barillet », traduction reprise par Félix Lecoy. Se fondant sur un rapport morphologique probable, Ernest Hoepffner interprète ce terme comme un dérivé du verbe *trosser*, qui signifie « empaqueter », « charger des bagages ».

2. *Quel malheur que d'avoir préparé cette boisson* : vers obscur. Joseph Bédier et Ernest Hoepffner donnent au mot *ovre* le sens d'« action », et, adoptant cette signification, Jean-Charles Payen (*Tristan et Yseut,* Garnier, 1974, *La Folie de Berne*, p. 256) et Philippe Walter traduisent par « Tout cela était bien mal parti ! ». Selon le *Dictionnaire du moyen français*, le mot *œuvre* est aussi usité en cuisine pour désigner « un plat », « un mets ». On peut alors comprendre le mot au sens de « produit », « boisson préparée », employé pour désigner *li boivres*, terme apparaissant aux vers 307 et 316.

3. *Ce breuvage a été préparé en dépit du bon sens [...]* : ce vers et le suivant sont énigmatiques et ont donné lieu à diverses gloses et traductions. Joseph Bédier donne à l'expression *a envers* le sens de « par un mauvais artifice », « à rebours ». Ernest Hoepffner l'interprète comme une expression antonyme de *a droit* (« de manière juste »). Selon lui, cette expression traduit l'idée de l'iniquité des effets du philtre, idée développée, il est vrai, dans les vers suivants. Mais le poète insiste plutôt dans cette phrase non sur l'effet, mais sur la fabrication du philtre. Nous rejoignons donc l'interprétation de Joseph Bédier et comprenons cette

expression comme « au rebours du bien ». L'adjectif *divers* (v. 317) se rapporte à *boivres* (v. 316).

Page 153.

1. *Se risque à lui dire* : l'expression *a quel que prange* a pour sens « quoi qu'il arrive ». Philippe Walter la traduit par « quoi qu'il en doive résulter », Emmanuèle Baumgartner par « indifférent à ce qui pourra arriver ». Nous en avons rendu le sens par le verbe « se risquer à ».

Page 155.

1. *Archedeclin* (v. 363), ou *Architriclin*, est un nom propre en ancien français, provenant du substantif grec *architriclinos* qui désigne le maître du festin, choisi par l'un des convives, pour en régler l'ordonnance. Ce nom commun est employé dans le texte de l'Évangile de Jean, II, 8-11, pour dénommer le maître d'hôtel qui goûte l'eau changée en vin et appelle le marié. C'est à tort que les auteurs médiévaux ont attribué le nom *Architriclin* à l'époux des noces de Cana, les deux personnages étant nettement distingués dans l'Évangile.

2. *Que ce Dieu me donne la force / de me sauver de cette folie* : le sens donné par ces vers manque de limpidité, et la leçon a suscité des discussions entre éditeurs. Selon Ernest Hoepffner, le copiste aurait mal transcrit son modèle, et il corrige le manuscrit : *li* au lieu de *me* au vers 354 et *el* (renvoyant à Yseut) au lieu de *il* au vers 355 (pour lequel on lit *qui me giet*), ce qui donne *Icil Deus li mete en corage / Que el me giet d'icest folage*. Tristan souhaite que Dieu inspire à Yseut de le guérir de sa folie. Ces corrections fournissent un sens poétique intéressant, mais Félix Lecoy, les jugeant trop fortes, les rejette. Nous le suivons sur ce point.

3. Ce passage est difficile à interpréter. Ernest Hoepffner comprend le subjonctif imparfait comme une sorte d'irréel du présent, à valeur de malédiction : « Puissiez-vous être avec le fou loin d'ici, au port où il arriva ce matin ! » Mais l'énoncé au subjonctif imparfait a souvent la valeur d'un regret et l'on peut gloser ainsi

ces vers : « Vous vous trompez. Vous n'étiez malheureusement pas au port pour le voir débarquer. » Au vers 381, l'adjectif *cointe* a été diversement interprété : « élégant » pris ironiquement selon Joseph Bédier (Yseut se moquerait de l'accoutrement et de la laideur du fou), « rusé, habile » selon Ernest Hoepffner (Yseut redouterait un habile imposteur), « hardi, téméraire, audacieux » selon Alfred Jeanroy.

4. *Il aurait préféré être englouti* : le manuscrit porte la leçon *el fonz de fale* que les éditeurs, ne parvenant pas à identifier le mot *fale*, ont généralement corrigée en *el fonz de cale*. Cette correction fait néanmoins difficulté car le mot *cale*, au sens de « partie basse d'un navire », est sans doute emprunté au provençal *calo*, déverbal de *calar* (« abaisser »), lui-même emprunté probablement au grec *khalan*, et n'est pas attesté en français avant le XVIIe siècle. En revanche il existe bien en normand un mot *fale*, issu du norrois *faldr* (« estomac »), qui signifie « tuyau », « estomac d'un poisson », « jabot d'un oiseau », « poitrine humaine », « place entre la chemise et la poitrine ». Voir à ce sujet Jacques Horrent, « À propos de Gallerous, Localisation de la *Folie Tristan de Berne*, Galerous et Rohal », *Le Moyen Âge*, 1946, LII, p. 43-72 ; en particulier p. 62-65. Le sens du mot dans le texte reste néanmoins mystérieux et notre interprétation suppose un emploi figuré dont nous n'avons pas trouvé la trace. Ne pourrait-on voir dans cette expression une allusion à l'histoire de Jonas, avalé par un gros poisson dans le ventre duquel il passe trois jours et trois nuits (voir Jonas, II, 1-11) ? Malheureusement, les preuves manquent. Voir cependant sur ce point le souhait d'Yseut, dans le roman de Thomas (p. 206, v. 3079-3084), au moment de la tempête qui la retient en mer : *Uncore puet il avenir si, / Car jo dei neier ici, / E vus, ço crei, devez neier, / Uns peissuns peut nus dous manger, / Eissi avrum par aventure, / Bels amis, une sepulture* [Il peut encore se passer ceci : si je dois me noyer ici, et que vous, comme je le pense, deviez vous noyer, un même poisson pourra nous avaler tous

deux, et nous aurons ainsi par hasard, mon cher ami, une même sépulture].

Page 157.

1. Le nom de *Gamarien* est inconnu dans la légende, mais on reconnaît ici l'épisode du harpeur d'Irlande, ravisseur d'Yseut, que l'on retrouve dans la *Folie* d'Oxford (v. 765-776), la *Saga* (chap. XLIX et L, p. 853-856) et le roman de Gottfried où il est nommé *Gandin* (p. 556-561). Voir à ce sujet Oxford, p. 109, n. 3.

2. *Guimarant* semble être une altération du nom de *Gamarien* (voir note précédente). Bien qu'inconnu des différentes versions, ce nom rappelle celui de *Gandin*, porté par le harpeur irlandais dans le roman de Gottfried (p. 556-561). Le détail de la main coupée ne figure pas dans cet épisode, mais dans le combat contre le Morholt, relaté par Eilhart (p. 275) et Gottfried (p. 480).

3. Le poème fait ici allusion au premier voyage en Irlande de Tristan qui s'était abandonné aux flots, désespérant de guérir la terrible blessure infligée par le Morholt. Recueilli par la reine d'Irlande et soigné par Yseut, il enseigne la harpe à cette dernière qui souffre encore de la mort récente du Morholt. La leçon de B, *deliiimenistre*, est transcrite en *del ju menistre* (v. 396), expression signifiant peut-être « maître de musique ».

Page 159.

1. *C'est à ce prix que je m'étais sorti du combat* : vers difficile à interpréter en version originale. Selon Félix Lecoy, le mot *aule* est inconnu ou fautif. Selon Jacques Horrent, il s'agirait d'une forme dialectale du mot *halle*, attestée dans des documents normands dès la fin du XIIIe siècle, mais aussi dans des textes picards, wallons, lorrains et bourguignons (voir le *Dictionnaire* de Godefroy, IV et IX). À côté du sens propre de « halle, marché » se serait développé le sens figuré de « dispute, discussion, affaire ». Voir à ce sujet Jacques Horrent, *op. cit.*, p. 43-72 ; en particulier p. 57-60. Emmanuèle Baumgartner signale aussi pour *ale* le sens d'« expédition militaire » attesté dans le

dictionnaire de Tobler-Lommatzsch, I, p. 276. Ce mot a effectivement le sens de « voyage ».

2. Rappel du second voyage en Irlande motivé par la quête d'une épouse pour le roi Marc. Tristan tue un dragon pour que Marc obtienne la main d'Yseut, prix de cette victoire. Empoisonné par la langue du dragon qu'il a glissée dans sa chausse, il est soigné et guéri par Yseut dans la version d'Eilhart (p. 288) que suit Berne, ou par sa mère dans le récit de Thomas et dans Oxford (v. 359-360).

3. Page d'Yseut chez Béroul et chez Eilhart, *Périnis* n'intervient pas dans l'épisode du bain selon les autres versions de cette scène.

4. *L'histoire du cheveu [...] qui m'a valu tant de souffrances* : l'auteur fait ici une allusion très fugitive à l'épisode du cheveu d'or, motif de conte qui sert à enclencher, dans le roman d'Eilhart, la quête d'Yseut. Marc y déclare à ses barons qu'il épousera la jeune fille à qui appartient le cheveu que deux hirondelles, entrées par la fenêtre, laissent échapper en se disputant.

Page 161.

1. Les vers 437-439 sont d'interprétation délicate, en raison de leçons peu satisfaisantes. Avant de se tourner brusquement vers Brangien comme le suggère l'appellatif *damoisele* (v. 439), réservé dans le texte à la suivante de la reine, Tristan semble s'adresser à Yseut pour lui reprocher de n'avoir pas souffert des effets du philtre. Le vers 437 signifie mot à mot : « Tu n'en as pas plus souffert après qu'avant » ; mais on ne sait si l'interlocutrice est Yseut ou Brangien au vers 438, qui signifie « car vous êtes experte en ruses, en beaux discours », ou comme le suggérait Maurice Wilmotte « car vous avez su vous débrouiller » (« Compte rendu de l'édition d'Ernest Hoepffner », *Le Moyen Âge*, XLV (3e série, VI), 1935, p. 95-98).

2. *Le saut de la chapelle* : convaincus d'adultère grâce au stratagème de la fleur de farine, imaginé par le nain Frocin, les amants sont condamnés au bûcher. Le roi Marc commue le châtiment d'Yseut qui est livrée aux

lépreux. Sur la route qui le mène au supplice, Tristan demande à se recueillir dans une petite chapelle, sise au bord d'une falaise et surplombant la mer. Une fois dans la chapelle, il se dirige vers la fenêtre située derrière l'autel, l'ouvre et saute dans le vide. Dans sa chute, le vent s'engouffre dans sa cape qui lui sert pour ainsi dire de parachute, il atterrit à mi-pente sur une large corniche, s'élance pour un deuxième saut et tombe accroupi sur le sable mou de la plage. Aidé de son maître Governal, il sauve ensuite Yseut des lépreux.

3. Selon Ernest Hoepffner, le sens est meilleur si l'on intervertit les vers 450-451, ce qui donne pour les vers 439-451 : *Et mout duremant estrivant / Li qeus d'aux vos avroit el bois. / A l'un en donerent lo chois.* [Et en se querellant violemment / pour savoir lequel vous posséderait dans le bois / ils finirent par choisir l'un d'entre eux.]

Page 163.

1. *Car c'est moi qui, là, les ai fait tailler en pièces* : vers obscur en langue originale. Le verbe *croistre, croissir* signifie « grincer », mais aussi « briser », « mettre en pièces ».

2. Le texte suit fidèlement le déroulement des faits relatés par Béroul : le saut de la chapelle, la victoire sur les lépreux auxquels Yseut est livrée. Tristan ne voulant pas toucher aux lépreux, c'est effectivement Governal qui arrache Yseut au lépreux Yvain et met les malades en fuite (p. 36-37, v. 1257-1270).

3. Allusion à la vie dans la forêt du Morroi et au rôle de conseiller que joue l'ermite Ogrin dans le roman de Béroul.

4. *Qui a servi Amour reçoit / en un seul jour magnifique récompense* : ces vers qui énoncent une vérité générale de l'amour courtois ressemblent fort à un proverbe, dont on ne trouve pas trace dans les recueils connus.

Page 165.

1. Dans le roman de Béroul, le chien *Husdent*, fou de douleur à la disparition de son maître, s'enfuit, et, en

suivant sa trace, entre dans la chapelle, bondit sur l'autel, sort par la fenêtre et, après avoir dévalé la falaise, le retrouve enfin dans la forêt (p. 41-43, v. 1437-1526).

2. *Vos dites richece* n'offre aucun sens satisfaisant. Alfred Jeanroy (« Compte rendu de l'édition d'Ernest Hoepffner », *Revue des langues romanes*, XLVII, 1933-1936, p. 162-163) proposait de corriger *richece* en *nichece*, synonyme de *niceté* (« sottise », « niaiserie »). Malheureusement, la forme suggérée n'est attestée nulle part. Dans le glossaire de son édition, Félix Lecoy traduit l'expression *dire richesse* par « affirmer avec outrecuidance » ; Emmanuèle Baumgartner, par « Quelle prétention ! ».

Page 169.

1. *On voit bien là que le plus triste / s'afflige sans véritable raison* : on peut comprendre différemment cette dernière phrase : si l'on met un deux-points après *bien*, on peut interpréter la suite de la phrase comme un proverbe et comprendre, avec J. Bédier : « On dit bien : tel se lamente le plus qui a peu de raisons de le faire. » Malheureusement, nous n'avons retrouvé nulle part ce proverbe.

Page 171.

1. *Puisse-t-il trouver tant de gibier* : s'agit-il d'un souhait formulé par Brangien ou l'un des deux amants ? En raison d'une lacune d'au moins un vers, il est difficile de trancher. On peut attribuer ce vœu à Tristan et y lire l'expression cruelle et ironique d'un rival heureux.

FRAGMENT DE CAMBRIDGE

Page 173.

1. *J'ai une sœur que je vous amène* : vers probablement très corrompu et d'interprétation difficile. Selon Ruth J. Dean et Elspeth Kennedy (« Un fragment anglo-normand de la *Folie Tristan* de Berne », *Le Moyen Âge*,

t. 79, n° 1, 1973), *munt* pourrait être le pronom personnel *vos* altéré et *il ad* une corruption de *ai*.

2. *Tu es ivre* : *tu as bue* est une graphie pour *bëu* et l'expression serait synonyme de « tu es ivre ! ». Félix Lecoy considère comme exclue cette variante de la leçon C.

3. La forme *le* est une graphie pour *les*.

Page 175.

1. *Où elle et moi, [...] Dieu honnisse* : la leçon C — *nus defenderun / de ce jelus* — offre un très bon enchaînement entre les vers et un sens plus satisfaisant que celui de la leçon B, où le mot *galois* n'est pas justifié par le contexte. Le déterminant démonstratif *ce* pourrait être une graphie pour *ces*, comme *le* équivalant à *les* au vers 19. Au singulier, *ce gelus* désignerait le roi Marc, tandis qu'au pluriel le syntagme renverrait aux envieux de la cour.

2. *Je n'ai pas encore terminé [...] où est Brangain* : la leçon C mérite attention, dans la mesure où elle ne nécessite aucune correction, ce qui n'est pas le cas de la leçon B. Le vers 25 est constitué d'une proposition indépendante et le vers 26 débute par l'impératif de *tenir*, qui fait figure d'interjection par laquelle le locuteur active une formule de serment, comme le montrent ces exemples tirés du *Altfranzösisches Wörterbuch* de Tobler-Lommatzsch, X, p. 209-210 : *Tenez ma foi, je vous fianz / Que... m'irai a la rëine randre* [Je vous promets, vous en avez ma parole, que (...) je vais me rendre auprès de la reine], *Érec* 1052 ; *Tien ma foi, ge le te fïance* [Je t'en donne ma parole, je le jure (...)], *Poire* 2159.

3. *Roi, ne le mettez pas en doute* : la proposition *ne le pernet pas an doyt* reste obscure. La rime *doyt / neyt* (« nuit ») laisse à penser que *doyt* = *duit*, participe passé du verbe *duire* qui figure dans B au sens d'« instruit ». La graphie *-oy-* vaut peut-être aussi pour *-ou-* comme dans *Pichoyit* : *karoyt* (v. 11-12), *oyit* (v. 13). La forme *doyt* serait-elle une forme de *dout, doute* ? Dans ce cas, la rime serait fausse.

4. Jusqu'à la découverte du fragment de Cambridge,

seul le texte de *La Tavola Ritonda* donnait l'explication de l'anagramme *Trantris / Tristran* dans une situation d'énonciation analogue. Elle figure dans l'épisode de l'épreuve du fer rouge. Tristan, déguisé en pèlerin, porte Yseut sur son dos pour l'aider à débarquer d'un bateau. Il réapparaît ensuite déguisé en fou et l'embrasse. À Marc, qui lui demande son nom, Tristan répond : « J'ai nom Tantri ; et si ce *tri* était devant le *tan*, j'aurais nom Tritan » (*La Tavola Ritonda, Six épisodes de l'histoire de Tristan et Yseut*, éd. et trad. Jacqueline Risset, p. 1066). L'auteur italien s'est peut-être inspiré d'un poème français de *La Folie de Tristan*, aujourd'hui perdu ; à moins qu'il n'ait trouvé ce motif dans un roman de Tristan perdu. Dans le roman de Gottfried, c'est Yseut qui déchiffre l'anagramme, lors de l'épisode du bain (p. 518).

5. La leçon C *an fundainne* offre un sens plus satisfaisant que *sostenu* (v. 182) de B, qui a embarrassé toute la critique.

6. *Et tu peux te taire* : le sens de la lettre « i » est obscur. Est-ce une altération de *si* ? À cet endroit, la leçon B *en terre pose* est incompréhensible, aussi J. Bédier proposait de la corriger en *Or te repose*. La leçon C *poet tasir* est préférable pour le sens. Cette réplique pourrait être attribuée à Marc, qui est dans ce passage l'interlocuteur privilégié du fou.

7. Les vers 45-46 sont absents de la leçon B. Au vers 47 la forme *prolays* est peut-être une forme de *parler* (« parlas » ?).

Page 177.

1. *Je m'en soucie comme d'une guigne* : nous donnons ainsi le vers 50 *Jo ne duray une pugase*, que nous pourrions traduire littéralement par « Je n'en donnerais pas une pougeoise », c'est-à-dire une toute petite pièce de monnaie. Valant un quart de denier, cette menue monnaie doit son nom à la ville du Puy-en-Velay. Il n'est pas rare que la langue médiévale renforce l'adverbe de négation *ne* par un mot du vocabulaire concret, exprimant

une quantité ou une valeur minimales telles que *pois, boton, denier, gant* ; ici *pugeoise*.

2. *Quand vous êtes allé chasser dans le bois* : *Kant a bois jacer alates* offre une précision circonstancielle de la découverte de Marc qui est absente dans la leçon B. Le fragment de Cambridge s'accorde ainsi avec la version de Thomas, *La Saga norroise, La Tavola Ritonda* et *Le Roman de la Poire* pour préciser que Marc découvre les amants lors d'une chasse. Il s'écarte donc des textes d'Oxford, de Béroul et d'Eilhart qui recourent au truchement d'une dénonciation (un forestier, un veneur ou un nain). La *Saga* combine les deux motifs, le maître veneur du roi les ayant découverts lors de la chasse s'empresse de les dénoncer. La différence de traitement de l'épisode montre que les *Folies* relèvent de traditions narratives hétérogènes.

COLLECTION
FOLIO CLASSIQUE

Éditions révisées

1151 E.T.A. Hoffmann : *Le Magnétiseur et autres contes*. Traduction de l'allemand d'Olivier Bournac, Henri Egmont, André Espiau de La Maëstre, Alzir Hella et Madeleine Laval. Édition d'Albert Béguin. Préface de Claude Roy.

1024 Honoré de Balzac : *La Vieille Fille*. Édition de Robert Kopp. Nouvelle mise en page.

1437 Émile Zola : *L'Œuvre*. Édition d'Henri Mitterand. Préface de Bruno Foucart. Nouvelle mise en page.

2658 Marcel Proust : *Le Côté de Guermantes*. Édition de Thierry Laget et Brian G. Rogers. Nouvelle mise en page.

693 Jean de La Bruyère : *Les Caractères*. Nouvelle préface de Pascal Quignard. Édition d'Antoine Adam.

728 François de La Rochefoucauld : *Maximes et Réflexions diverses*. Édition de Jean Lafond.

1356 Sébastien-Roch-Nicolas Chamfort : *Maximes et pensées*. Caractères et anecdotes. Préface d'Albert Camus. Édition de Geneviève Renaux.

2736 Émile Zola : *Lourdes*. Édition de Jacques Noiray.

3296 Émile Zola : *Rome*. Édition de Jacques Noiray.

3735 Émile Zola : *Paris*. Édition de Jacques Noiray.

3319 Charles Baudelaire : *Les Fleurs du mal*. Édition collector illustrée. Photographies de Mathieu Trautmann.

3512 Gustave Flaubert : *Madame Bovary*. Édition collector. Préface d'Elena Ferrante.

2599 Hans Christian Andersen. *La Petite Sirène et autres contes*. Édition et traduction de Régis Boyer.

2047 Marcel Proust : *Sodome et Gomorrhe*. Édition révisée et augmentée par Antoine Compagnon. Nouvelle mise en page.

380 Honoré de Balzac : *Le Cousin Pons*. Nouvelle édition annotée par Isabelle Mimouni. Nouvelle préface d'Adrien Goetz. Postface d'André Lorant.

2089 Marcel Proust : *La Prisonnière*. Édition de Pierre-Edmond Robert. Nouvelle mise en page.

2139 Marcel Proust : *Albertine disparue*. Édition d'Anne Chevalier révisée par Pierre-Edmond Robert. Nouvelle mise en page.

2203 Marcel Proust : *Le Temps retrouvé*. Préface de Pierre-Louis Rey. Édition de Pierre-Edmond Robert. Notes de Jacques Robichez, avec la collaboration de Pierre-Edmond Robert et Brian G. Rogers. Nouvelle mise en page.

2358 Voltaire : *Romans et contes*, tome II. Édition de Frédéric Deloffre et Jacques Van den Heuvel. Postface de Roland Barthes.

5274 Jules Verne : *Voyage au centre de la terre*. Édition de William Butcher. Illustrations de Riou.

5879 Edgar Allan Poe : *Le Scarabée d'or*. Traduction de l'anglais et préface de Charles Baudelaire. Édition de Jean-Pierre Naugrette.

6249 Victor Hugo : *Bug-Jargal*. Édition de Roger Borderie.

Dernières parutions

5877 Gustave Flaubert : *Un cœur simple*. Édition de Samuel Sylvestre de Sacy. Préface d'Albert Thibaudet.

5878 Nicolas Gogol : *Le Nez*. Traduction du russe d'Henri Mongault. Préface de Georges Nivat.

5879 Edgar Allan Poe : *Le Scarabée d'or*. Traduction de l'anglais et préface de Charles Baudelaire. Édition de Jean-Pierre Naugrette.

5880 HONORÉ DE BALZAC : *Le Chef-d'œuvre inconnu*. Édition d'Adrien Goetz.

5881 PROSPER MÉRIMÉE : *Carmen*. Édition d'Adrien Goetz.

5882 FRANZ KAFKA : *La Métamorphose*. Traduction de l'allemand et édition de Claude David.

5895 VIRGINIA WOOLF : *Essais choisis*. Traduction nouvelle de l'anglais et édition de Catherine Bernard.

5920 *Waterloo. Acteurs, historiens, écrivains*. Édition de Loris Chavanette. Préface de Patrice Gueniffey.

5936 VICTOR HUGO : *Claude Gueux*. Édition d'Arnaud Laster.

5949 VOLTAIRE : *Le Siècle de Louis XIV*. Édition de René Pomeau. Préface de Nicholas Cronk.

5978 THÉRÈSE D'AVILA : *Livre de la vie*. Traduction de l'espagnol et édition de Jean Canavaggio.

6003 ALEXANDRE DUMAS : *Le Château d'Eppstein*. Édition d'Anne-Marie Callet-Bianco.

6004 GUY DE MAUPASSANT : *Les Prostituées. Onze nouvelles*. Édition de Daniel Grojnowski.

6005 SOPHOCLE : *Œdipe roi*. Traduction du grec ancien de Jean Grosjean. Édition de Jean-Louis Backès.

6025 AMBROISE PARÉ : *Des monstres et prodiges*. Édition de Michel Jeanneret.

6040 JANE AUSTEN : *Emma*. Traduction de l'anglais et édition de Pierre Goubert. Préface de Dominique Barbéris.

6041 DENIS DIDEROT : *Articles de l'Encyclopédie*. Choix et édition de Myrtille Méricam-Bourdet et Catherine Volpilhac-Auger.

6063 HENRY JAMES : *Carnets*. Traduction de l'anglais de Louise Servicen, révisée par Annick Duperray. Édition d'Annick Duperray.

6064 VOLTAIRE : *L'Affaire Sirven*. Édition de Jacques Van den Heuvel.

6065 VOLTAIRE : *La Princesse de Babylone*. Édition de Frédéric Deloffre, avec la collaboration de Jacqueline Hellegouarc'h.

6066 WILLIAM SHAKESPEARE : *Roméo et Juliette*. Traduction de l'anglais et édition d'Yves Bonnefoy.

6067 WILLIAM SHAKESPEARE : *Macbeth*. Traduction de l'anglais et édition d'Yves Bonnefoy.

6068 WILLIAM SHAKESPEARE : *Hamlet*. Traduction de l'anglais et édition d'Yves Bonnefoy.

6069 WILLIAM SHAKESPEARE : *Le Roi Lear*. Traduction de l'anglais et édition d'Yves Bonnefoy.

6092 CHARLES BAUDELAIRE : *Fusées, Mon cœur mis à nu et autres fragments posthumes*. Édition d'André Guyaux.

6106 WALTER SCOTT : *Ivanhoé*. Traduction de l'anglais et édition d'Henri Suhamy.

6125 JULES MICHELET : *La Sorcière*. Édition de Katrina Kalda. Préface de Richard Millet.

6140 HONORÉ DE BALZAC : *Eugénie Grandet*. Édition de Jacques Noiray.

6164 *Les Quinze Joies du mariage*. Traduction nouvelle de l'ancien français et édition de Nelly Labère.

6197 JACK LONDON : *Martin Eden*. Traduction de l'anglais et édition de Philippe Jaworski.

6205 HONORÉ DE BALZAC : *La Femme de trente ans*. Édition de Jean-Yves Tadié.

6206 CHARLES DICKENS : *Histoires de fantômes*. Traduction de l'anglais et édition d'Isabelle Gadoin.

6228 MADAME DE SÉVIGNÉ : *Lettres choisies*. Édition de Nathalie Freidel.

6244 VIRGINIA WOOLF : *Nuit et jour*. Traduction de l'anglais et édition de Françoise Pellan.

6247 VICTOR HUGO : *Le Dernier Jour d'un Condamné*. Édition de Roger Borderie.

6248 VICTOR HUGO : *Claude Gueux*. Édition d'Arnaud Laster.

6249 VICTOR HUGO : *Bug-Jargal*. Édition de Roger Borderie.

6250 VICTOR HUGO : *Mangeront-ils ?* Édition d'Arnaud Laster.

6251 VICTOR HUGO : *Les Misérables. Une anthologie*. Édition d'Yves Gohin. Préface de Mario Vargas Llosa.

6252 VICTOR HUGO : *Notre-Dame de Paris. Une anthologie*. Édition de Benedikte Andersson. Préface d'Adrien Goetz.

6268 VOLTAIRE : *Lettres choisies*. Édition de Nicholas Cronk.

6287 ALEXANDRE DUMAS : *Le Capitaine Paul*. Édition d'Anne-Marie Callet-Bianco.

6288 KHALIL GIBRAN : *Le Prophète*. Traduction de l'anglais et édition d'Anne Wade Minkowski. Préface d'Adonis.

6302 JULES MICHELET : *Journal*. Choix et édition de Perrine Simon-Nahum. Texte établi par Paul Viallaneix et Claude Digeon.

6325 MADAME DE STAËL : *Delphine*. Édition d'Aurélie Foglia.

6340 ANTHONY TROLLOPE : *Les Tours de Barchester*. Traduction de l'anglais de Christian Bérubé, révisée par Alain Jumeau. Édition d'Alain Jumeau.

6363 LÉON TOLSTOÏ : *Les Insurgés. Cinq récits sur le tsar et la révolution*. Traduction nouvelle du russe et édition de Michel Aucouturier.

6368 VICTOR HUGO : *Les Misérables*. Édition d'Yves Gohin. Édition en un volume, série « XL ».

6382 BENJAMIN CONSTANT : *Journaux intimes*. Édition de Jean-Marie Roulin.

6397 JORIS-KARL HUYSMANS : *La Cathédrale*. Édition de Dominique Millet-Gérard. Illustrations de Charles Jouas.

6405 JACK LONDON : *Croc-Blanc*. Traduction de l'anglais, postface et notes de Marc Amfreville et Antoine Cazé. Préface de Philippe Jaworski.

6419 HONORÉ DE BALZAC : *La Femme abandonnée*. Édition de Madeleine Ambrière-Fargeaud.

6420 JULES BARBEY D'AUREVILLY : *Le Rideau cramoisi*. Édition de Jacques Petit.

6421 CHARLES BAUDELAIRE : *La Fanfarlo*. Édition de Claude Pichois.

6422 PIERRE LOTI : *Les Désenchantées*. Édition de Sophie Basch. Illustrations de Manuel Orazi.

6423 STENDHAL : *Mina de Vanghel*. Édition de Philippe Berthier.

6424 VIRGINIA WOOLF : *Rêves de femmes. Six nouvelles*. Précédé de l'essai de Woolf « Les femmes et le roman » traduit par Catherine Bernard. Traduction de l'anglais et édition de Michèle Rivoire.

6425 CHARLES DICKENS : *Bleak House*. Traduction de l'anglais et édition de Sylvère Monod. Préface d'Aurélien Bellanger.

6439 MARCEL PROUST : *Un amour de Swann*. Édition de Jean-Yves Tadié.

6440 STEFAN ZWEIG : *Lettre d'une inconnue*. Traduction de l'allemand de Mathilde Lefebvre. Édition de Jean-Pierre Lefebvre.

6472 JAROSLAV HAŠEK : *Les Aventures du brave soldat Švejk pendant la Grande Guerre*. Traduction du tchèque de Benoît Meunier. Édition de Jean Boutan.

6510 VIRGINIA WOOLF : *Orlando*. Traduction de l'anglais et édition de Jacques Aubert.

6533 ANTHONY TROLLOPE : *Le Directeur*. Traduction de l'anglais de Richard Crevier, révisée par Isabelle Gadoin. Édition d'Isabelle Gadoin.

6547 RENÉ DESCARTES : *Correspondance avec Élisabeth de Bohême et Christine de Suède*. Édition de Jean-Robert Armogathe.

6556 DENIS DIDEROT : *Histoire de Mme de La Pommeraye* précédé de *Sur les femmes*. Édition d'Yvon Belaval.

6584 MIKHAÏL BOULGAKOV : *Le Maître et Marguerite*. Traduction du russe et édition de Françoise Flamant.

6585 GEORGES BERNANOS : *Sous le soleil de Satan*. Édition de Pierre Gille. Préface de Michel Crépu.

6586 STEFAN ZWEIG : *Nouvelle du jeu d'échecs*. Traduction de l'allemand de Bernard Lortholary. Édition de Jean-Pierre Lefebvre.

6587 FÉDOR DOSTOÏEVSKI : *Le Joueur*. Traduction du russe de Sylvie Luneau. Préface de Dominique Fernandez.

6588 ALEXANDRE POUCHKINE : *La Dame de Pique*. Traduction du russe d'André Gide et Jacques Schiffrin. Édition de Gustave Aucouturier.

6589 EDGAR ALLAN POE : *Le Joueur d'échecs de Maelzel*. Traduction de l'anglais de Charles Baudelaire. Chronologie et notes de Germaine Landré.

6590 JULES BARBEY D'AUREVILLY : *Le Dessous de cartes d'une partie de whist*. Suivi d'une petite anthologie du jeu de whist dans la littérature. Édition de Jacques Petit. Préface de Johan Huizinga.

6604 EDGAR ALLAN POE : *Eureka*. Traduction de l'anglais de Charles Baudelaire. Édition de Jean-Pierre Bertrand et Michel Delville.

6616 HONORÉ DE BALZAC : *Gobseck et autres récits d'argent* (*Gobseck, L'Illustre Gaudissart, Gaudissart II, Un homme d'affaires, Le Député d'Arcis*). Édition d'Alexandre Péraud.

6636 *Voyageurs de la Renaissance. Léon l'Africain, Christophe Colomb, Jean de Léry et les autres*. Édition de Grégoire Holtz, Jean-Claude Laborie et Frank Lestringant, publiée sous la direction de Frank Lestringant.

6637 François-René de Chateaubriand : *Voyage en Amérique*. Édition de Sébastien Baudoin.

6654 Antoine Hamilton : *Mémoires du comte de Gramont*. Édition de Michel Delon.

6668 Alexandre Dumas : *Les Quarante-Cinq*. Édition de Marie Palewska.

6696 Ésope : *Fables*, précédées de la *Vie d'Ésope*. Traduction du grec ancien de Julien Bardot. Édition d'Antoine Biscéré.

6697 Jack London : *L'Appel de la forêt*. Traduction de l'anglais, postface et notes de Marc Amfreville et Antoine Cazé. Préface de Philippe Jaworski.

6729 *Scènes de lecture. De saint Augustin à Proust*. Textes choisis et présentés par Aude Volpilhac.

6747 Jules Verne : *Cinq semaines en ballon*. Édition de William Butcher. Illustrations de Montaut et Riou.

6748 Henry James : *La Princesse Casamassima*. Traduction de François-René Daillie, révisée par Annick Duperray. Édition d'Annick Duperray.

6764 Virginia Woolf : *Un lieu à soi*. Traduction de l'anglais et préface de Marie Darrieussecq. Édition de Christine Reynier.

6780 Collectif : *Notre-Dame des écrivains. Raconter et rêver la cathédrale du Moyen Âge à demain*. Préface de Michel Crépu.

6795 Famille Brontë : *Lettres choisies*. Préface de Laura El Makki. Traduction de l'anglais et édition de Constance Lacroix.

6797 Guy de Maupassant : *Les Dimanches d'un bourgeois de Paris et autres nouvelles*. Édition de Catherine Botterel.

6817 George Eliot : *Felix Holt, le radical*. Préface de Mona Ozouf. Traduction inédite de l'anglais et édition d'Alain Jumeau.

6959 James Fenimore Cooper : *Le Corsaire Rouge*. Traduction de l'anglais de Defauconpret. Édition et traduction révisée par Philippe Jaworski.

6969 Maurice Leblanc : *Arsène Lupin, gentleman-cambrioleur*. Édition d'Adrien Goetz.

6981 Maurice Leblanc : *Arsène Lupin contre Herlock Sholmès*. Édition d'Adrien Goetz.

6982 George Orwell : *La Ferme des animaux*. Traduction de l'anglais de Jean Queval. Édition de Philippe Jaworski. Préface d'Hervé Le Tellier.

7001 Collectif : *Contes du Chat noir*. Choix et édition de Marine Degli. Édition illustrée.

7002 Edmond et Jules de Goncourt : *Journal*. Choix et édition de Jean-Louis Cabanès.

7028 Henry Céard : *Une belle journée*. Édition de Thierry Poyet.

7042 Françoise de Graffigny : *Lettres d'une Péruvienne*. Édition de Martine Reid.

7056 Laurence Sterne : *Voyage sentimental en France et en Italie*. Traduction de l'anglais d'Alfred Hédouin. Édition et traduction révisée par Alexis Tadié.

7090 H. G. Wells : *L'Homme invisible*. Édition et traduction de Philippe Jaworski. Préface d'Hervé Le Tellier.

7102 Charles Dickens : *L'Ami commun*. Traduction de l'anglais de Lucien Carrive et Sylvère Monod. Annotation de Lucien Carrive. Préface de Philippe Roger.

7126 Collectif : *Proust-Monde. Quand les écrivains étrangers lisent Proust*. Choix des textes et édition de Blanche Cerquiglini, Antoine Ginésy, Étienne Sauthier, Guillaume Lefer et Nicolas Bailly.

7127 Victor Hugo : *Carnets d'amour à Juliette Drouet*. Édition de Danièle Gasiglia-Laster, Jean-Marc Hovasse, Arnaud Laster, Charles Méla et Florence Naugrette.

6818 Goethe : *Les Années de voyage de Wilhelm Meister*. Traduction de l'allemand de Blaise Briod, revue et complétée par Marc de Launay. Édition de Marc de Launay.

6820 Miguel de Unamuno : *Contes*. Traduction de l'espagnol de Raymond Lantier, revue par Albert Bensoussan. Édition d'Albert Bensoussan.

6831 Alexandre Dumas : *Le Comte de Monte Cristo*. Édition de Gilbert Sigaux. Préface de Jean-Yves Tadié. Nouvelle édition en un volume, série « XL ».

6832 François Villon : *Œuvres complètes*. Traduction de l'ancien français et édition de Jacqueline Cerquiglini-Toulet. Édition bilingue.

6855 Alexandre Dumas : *Les Compagnons de Jéhu*. Édition d'Anne-Marie Callet-Bianco.

6864 Collectif : *Anthologie de la littérature grecque. De Troie à Byzance. VIIIe siècle avant J.-C. - XVe siècle après J.-C.* Traduction nouvelle du grec ancien d'Emmanuèle Blanc. Édition de Laurence Plazenet.

6866 Auguste de Villiers de L'Isle-Adam : *Histoires insolites*. Édition de Jacques Noiray.

6891 George Orwell : *Mil neuf cent quatre-vingt-quatre*. Édition et traduction nouvelle de l'anglais de Philippe Jaworski.

6892 Jacques Casanova : *Histoire de ma vie*. Édition de Michel Delon.

6920 Collectif : *La Commune des écrivains. Paris, 1871 : vivre et écrire l'insurrection*. Textes choisis et présentés par Alice de Charentenay et Jordi Brahamcha-Marin.

6932 Marcel Proust : *Le Mystérieux Correspondant et autres nouvelles retrouvées*. Édition de Luc Fraisse.

6947 Jean de La Fontaine : *Les Amours de Psyché et de Cupidon* précédé d'*Adonis* et du *Songe de Vaux*. Édition de Céline Bohnert, Patrick Dandrey et Boris Donné.

6959 JAMES FENIMORE COOPER : *Le Corsaire Rouge*. Traduction de l'anglais de Defauconpret. Édition et traduction révisée par Philippe Jaworski.

6969 MAURICE LEBLANC : *Arsène Lupin, gentleman-cambrioleur*. Édition d'Adrien Goetz.

6981 MAURICE LEBLANC : *Arsène Lupin contre Herlock Sholmès*. Édition d'Adrien Goetz.

6982 GEORGE ORWELL : *La Ferme des animaux*. Traduction de l'anglais de Jean Queval. Édition de Philippe Jaworski. Préface d'Hervé Le Tellier.

7001 COLLECTIF : *Contes du Chat noir*. Choix et édition de Marine Degli. Édition illustrée.

7002 EDMOND et JULES DE GONCOURT : *Journal*. Choix et édition de Jean-Louis Cabanès.

7028 HENRY CÉARD : *Une belle journée*. Édition de Thierry Poyet.

7042 FRANÇOISE DE GRAFFIGNY : *Lettres d'une Péruvienne*. Édition de Martine Reid.

7056 LAURENCE STERNE : *Voyage sentimental en France et en Italie*. Traduction de l'anglais d'Alfred Hédouin. Édition et traduction révisée par Alexis Tadié.

7090 H. G. WELLS : *L'Homme invisible*. Édition et traduction de Philippe Jaworski. Préface d'Hervé Le Tellier.

7102 CHARLES DICKENS : *L'Ami commun*. Traduction de l'anglais de Lucien Carrive et Sylvère Monod. Annotation de Lucien Carrive. Préface de Philippe Roger.

7126 COLLECTIF : *Proust-Monde. Quand les écrivains étrangers lisent Proust*. Choix des textes et édition de Blanche Cerquiglini, Antoine Ginésy, Étienne Sauthier, Guillaume Lefer et Nicolas Bailly.

7127 VICTOR HUGO : *Carnets d'amour à Juliette Drouet*. Édition de Danièle Gasiglia-Laster, Jean-Marc Hovasse, Arnaud Laster, Charles Méla et Florence Naugrette.

6818 GOETHE : *Les Années de voyage de Wilhelm Meister*. Traduction de l'allemand de Blaise Briod, revue et complétée par Marc de Launay. Édition de Marc de Launay.

6820 MIGUEL DE UNAMUNO : *Contes*. Traduction de l'espagnol de Raymond Lantier, revue par Albert Bensoussan. Édition d'Albert Bensoussan.

6831 ALEXANDRE DUMAS : *Le Comte de Monte Cristo*. Édition de Gilbert Sigaux. Préface de Jean-Yves Tadié. Nouvelle édition en un volume, série « XL ».

6832 FRANÇOIS VILLON : *Œuvres complètes*. Traduction de l'ancien français et édition de Jacqueline Cerquiglini-Toulet. Édition bilingue.

6855 ALEXANDRE DUMAS : *Les Compagnons de Jéhu*. Édition d'Anne-Marie Callet-Bianco.

6864 COLLECTIF : *Anthologie de la littérature grecque. De Troie à Byzance. VIIIe siècle avant J.-C. - XVe siècle après J.-C.* Traduction nouvelle du grec ancien d'Emmanuèle Blanc. Édition de Laurence Plazenet.

6866 AUGUSTE DE VILLIERS DE L'ISLE-ADAM : *Histoires insolites*. Édition de Jacques Noiray.

6891 GEORGE ORWELL : *Mil neuf cent quatre-vingt-quatre*. Édition et traduction nouvelle de l'anglais de Philippe Jaworski.

6892 JACQUES CASANOVA : *Histoire de ma vie*. Édition de Michel Delon.

6920 COLLECTIF : *La Commune des écrivains. Paris, 1871 : vivre et écrire l'insurrection*. Textes choisis et présentés par Alice de Charentenay et Jordi Brahamcha-Marin.

6932 MARCEL PROUST : *Le Mystérieux Correspondant et autres nouvelles retrouvées*. Édition de Luc Fraisse.

6947 JEAN DE LA FONTAINE : *Les Amours de Psyché et de Cupidon* précédé d'*Adonis* et du *Songe de Vaux*. Édition de Céline Bohnert, Patrick Dandrey et Boris Donné.